JN294750

渡邉一夫の
ロマンと命をかけた半生

南東北グループの挑戦

理想の医療を
追求する病院づくり

南東北グループ総長
渡邉一夫 著

現代書林

まえがき

私は戦争の末期、日本が最もひどい時代に生まれ、高度経済成長期に育ち、成熟期から衰亡期に向かっていく時代を生きてきた。医者としては、もう何十万人という患者を診てきている。いろいろな人の悩みも診てきた。「死にたくない」と言って死んでいく人も見てきた。世間の人があまり味わわない世界を味わってきていると思う。

それなりに時代に翻弄されたところもあるだろうが、医者として私なりの理想を持ち、私なりの道を歩いてきたつもりだ。

全共闘の時代に医学を学んだ私の心には、いつも青い炎が燃えていた。齢《よわい》は重ねたが、今もまだ同じ気持ちを持っているし、青春の真っ只中にいるように思っている。

私の足跡《そくせき》を聞いて「大変だったでしょう」と言う人がいる。貧しい中から身を起こし、総合南東北病院をつくり、東北一のグループにするまで、常に逆境の中にいたからだ。しかも、今や世界的に有名になってしまったフクシマの出身でもあるからなおさらだ。でも、私はいつも「大丈夫」だったのだと、振り返って思う。いつも何かと闘いながら、へこたれずにここまでやってきた。

「自叙伝を出しませんか」という誘いはこれまでに何度もあったが、立身出世の物語だの自慢話だのは性に合わない。だから、すべて断ってきた。

それでも病院の歴史はすでに三十年を過ぎた。やはり自分が元気なうちに、記録として残しておかなければならないこともあるのではないだろうか。

東北一のグループとはいえ、たかだが地方都市の民間病院が、なぜ官公立の施設と肩を並べて、大掛かりな陽子線治療に取り組んだのか。「民間病院では無理」「無謀だ」と後ろ指をさされながら、なぜ世界初の試みを成功させたのか。思い切った決断に私を突き動かしたのは、ただただ医療への熱い思いだ。それを記すべきではないだろうか。

総合南東北病院のグループが活性化し、ずっと生き延びて、もっと大きくなるために、私の半生と思いを何かの形にして残そう……そう思った。

私が幼い頃、我が家は食べる米もないほど貧しかった。川上で誰かが米をとげば、川下でそのとぎ汁を汲んで煮詰める。そういう糊《のり》のようなものまで食べていた。ビタミン不足から私は栄養失調になり、母は脚気《かっけ》になった。

私の世話をしてくれていた父の兄の長男が、栄養失調の私が熱を出しているのを見て、「おっちゃん、このままだと死んじゃうよ。医者に見せないと」と訴えたとき、父は従兄にこう言った。「金がねえんだ」。

そして、私は小児麻痺になった。いわゆるポリオだ。抵抗力のない子どもが次々に罹り、生ワクチンがソ連から入っていたものの、それを飲める子がほとんどいなかった時代だから、珍しいことではない。

親が「医者様に見せてえけど、金がねえんだ」と言うしかなく、幼い子が死んでいくのは、終戦直後の東北ではごく普通にあることだった。戦争だけが原因ではなく、もともと貧しい地域で食糧が乏しかったのだ。

幸い私は生き延びたが、小児麻痺の後遺症は足に残った。

ただし、私の記憶には残っていないこういう苦しい生活について、父も母もいっさい話さなかった。この頃のことを話してくれたのは、「医者に見せないと」と言ってくれた従兄だ。亡くなる前に、「一夫。誰も言わんかったかもしんないけど、これだけは俺が死ぬ前に伝えていきたかった」「だから、こうして生きてんのが不思議なくらいなんだ」「そのくらい大変だったんだよ」と言い残してくれたのだ。

つまり、私がこういうことを知ったのは、つい最近である。そして、後世に「伝える」ことの大切さにも気づいたというわけだ。

私はこれまで、ひとりの医者として、病める人のために自分にできることは何なのかをただ追求してきたにすぎない。それは私の強いロマンであり、私の哲学そのものだ。私のこれまでの生き様を見て、医者とは何か、病院とはどうあるべきかを汲んでもらい、次の世代に生かしてもらえれば、これを書き残した意義も出てくると思っている。

渡邉一夫

二〇一二年八月

私の原点——学生運動

福島県立医科大学在学中

私の医者としての原点は、「学生運動」である。

私が福島県立医科大学に入学したのは昭和三十九年（一九六四年）、ちょうど学生運動が真っ盛りの頃だった。

学生運動というのは、「世の中を変える」「ブルジョアを倒す」と意気込んだ大学生が、角棒を持ってヘルメットをかぶりバリケードを築いて、大学に抗議のデモをし、授業をボイコットしていたことを指す。戦後の教育復興の中で、国立大学の地方自治体委譲案や大学理事会法案、授業料三倍値上げ案などに学生が反旗を翻していた。それに対して、当局は機動隊を出動させ、学生を逮捕するという行動に出ていた。

象徴的なのは昭和四十三～四十四年に起きた東京大学の安田講堂事件だが、日本全国にあるほとんどすべての大学で同じような嵐が吹き荒れていた。当時は学生なら運動に参加しないほうがおかしいぐらいで、ほとんどの人が何らかの形で巻き込まれたと言っていいだろう。

構内が学生に占拠されて無期限ストライキが始まると、授業は完全にストップした。各大学で全共闘と呼ばれる連合体が組織され、運動を牽引していた。次第に運動は過激になり、爆破事件などを起こす学生もいた。

ただし、医大生の学生運動は、全共闘の主張とは少し違う。青年医師連合による「青医連闘争」だ。青年医師連合というのは、全国の大学の医学部でつくった連合である。医学生にとっての学生運動の原点は、「医療とは、医者とは、医学とは、こうあらねばならぬ」という意識だった。稼げるから医者になるという人はいない時代だ。

医大を卒業したら、医学者になるか、医療に専念するかだが、僻地医療や難病の研究など、医学をもっていかに人のために尽くすかということを、皆が常に考えていた。我々は「患者のためには博士号よりも臨床経験が大事」だと考え、「博士号ボイコット運動」もやった。

当時、日本の政府は「低医療政策」をとっていた。要するに、医者も看護婦（当時の呼称。二〇〇二年三月から「看護師」）も安く使う。大学の教授の給料も安く、無給教員や無給副手などと呼ばれる無給医すらいた。正規の給料が出るのは教授と助教授と、講師二人に助手が三人ぐらいのもの。

教職員は二〇人も三〇人もいるわけだから、残りはアルバイト扱いだ。看護師も一般職員も有給なのに、医者だけが無給でアルバイト扱いになっていたのは、全員に医者としての給料を払ったら莫大な税金をつぎ込まなくてはならず、診療報酬費では全然間に合わないからだ。国民健康保険もまだなかった。そういう政策を我々は問題視した。低医療政策はよくないと主張し、医者の待遇の改善を求めたのだ。

もう一つ掲げたのは、インターンの廃止だ。インターンというのは、GHQの指導によってアメリカの医師養成方式を採り入れたもので、医学生に卒業後一年間病院で医療行為を経験させる制度だ。だが、まったく基盤がつくられないままにスタートしていたため、インターン生はただ形式的に病院に行くだけで、一年間を無駄に過ごしていた。働いたとしても、まだ無免許だから無給だ。これは人権無視ではないかと主張して、私たちは「インターンの廃止闘争」をやった。

ついでに「医局闘争」もあった。医局では大学の教授がすべての権力を握っており、医者の運命を左右している。一度でも教授に嫌われれば、研究すらさせてもらえないし、もちろんいいポジションも与えられない。医局に入らないと医者としてやっていけないという医局制度は今もあるが、それをなくそうとしたのだ。そのために、「大学院ボイコット」もした。つまり、大学院には進まないと宣言したのである。

なお、他の大学では運動に参加したのは学生だけだったが、福島県立医科大学では助教授までがストライキに参加していた。そういう教師は「造反教師」と呼ばれていたが、ほとんどの教師が造反教師になっていた。

県立だから、文部省を通しての対決ではなく、県と直接にぶつかったことも特徴だ。そのため、他の大学では運動が沈静化していた時期も、私たちはそうとう激しい闘争を繰り広げていた。

とはいえ、福島県立医科大学においては、他大学のような警察や県による強引な介入はなかった。なぜなら、大学に附属病院があったからだ。機動隊を投入して全員を逮捕するという方針も出たのだが、もしも学生が病棟に逃げ込んだ場合、下手をすると患者まで巻き込んでしまう。だから、機動隊とにらみ合うことはあっても、安田講堂事件のような過激な衝突は起こらなかった。

私は一年生のときから、青年医師連合の執行部のひとりだった。

学生運動にも執行部というのがあり、執行委員長が学生全部を率いてデモやストライキを実施する。私は執行部員として、ときどきは東京へも行った。医科歯科大学や東京医科大学などの場所を借りて、全国から集まった同志と「どういう闘争方針にするか」「どこを襲撃するか」などを議論したり、全国集会をやったり、新聞に書いたりしていた。議論をしながら自分の思想をつくっていき、それで思想論争をしていた。

日本全国に燎原《りょうげん》の火のごとく広がった学生運動は、周囲の人まで巻き込んだ大変な闘争だった。あまりにも過激だったので、何が本当に目標なのかを忘れると大変な事態を引き起こした。議論をしても、人の意見を全然受け入れない人たちが少なからずいた。極端な場合は、自分と違うセクト（ある理論に固まった武装集団）を攻撃した連中もいたし、総括という名でリンチ殺人をした人間すらいた。

けれども私たちにとっては、本当に正義のための主義主張だった。振り返れば、医者になり、開業して、病院がどんどん拡大していっても、いつもこの学生運動で抱いた思想の延長線上に私はいる。学生運動で培った志は、私の肥やしとなっている。その肥やしを根から吸収した木が育っただけのことで、病院がいくら大きくなっても、私は変わっていないはずだ。

残念なことに、当時私と同じ主義主張を叫んでいた人たちのほとんどは、すでにあの気持ちをなくしているように思える。あのシュプレヒコールは、単に時流に乗っていただけなのか。その後の進路を見ると、自分たちが反対していた側のブルジョア的な考えになってしまったとしか思えない輩《やから》がなんと多いことか。

学生運動で抱いていた志を、私はずっと自分の仕事の底流としている。だからこそ、東日本大震災で原子力発電所が水素爆発を起こして福島県が放射性物質で汚染されてしまった今は、先頭を切って政府に対して物申す役割を果たさなければいけないと考えているし、実行している。

学生運動をやっていた人間として、いざ大変な時にはリーダーシップを取って国まで動かさなければいけないと考えているからだ。

今の私は、ある程度の組織を持ち、ある程度の財力があり、人脈もある。だから志を持って行動するというのは、社会的な義務のひとつだと思うのだ。

後に病院のスローガンとして掲げた「すべては患者さんのために」という思いは、あの学生運動を通じて培われたものだ。

大義を掲げ、医療のあるべき姿を追求した我々の学生運動——そのときの志が、私を医者にし、そして今の南東北グループをつくった。

生い立ち

一

私が生まれ育ったのは福島県の片田舎だ。生まれたのは現在の須賀川《すかがわ》市にある大桑原《おおかんばら》、育ったのはその隣りの袋田《ふくろだ》という所である。絹産業が盛んな地で、まわりは桑畑ばかりだった。

家はとても貧しかったが、うちだけが特別だったわけではない。第二次世界大戦真っ只中の日本、その中でも東北では多くの家が貧しかった。

父方の家はもともと鎌倉・室町時代からの庄屋の家系だったが、江戸の末期から大正にかけて落ちぶれたため、庄屋とはいえ貧しかった。

私の父の父、つまり父方の祖父は貞治《さだじ》といい、そんな庄屋の次男だった。つまりは分家だから、暮らしはさらに貧しい。土地はないし、家は掘っ立て小屋。玄関には扉が付いておらず、筵《むしろ》がかかっていたという。夏ならクルクルッと巻き上げて風通しがいいが、冬は寒くてかなわない。

その祖父は、誰にでも飲ませ食わせ、物をくれてやる人の良い性分だった。それで、もともと貧乏なのにさらに貧乏な生活を送っていた。山で切った木を馬で引っ張って運ぶ人足として食べていたため、「馬車引きどん」と呼ばれていたようだ。山の奥から麓《ふもと》のほうまで木を運んでくるわけだから重労働である。

ある日、足を怪我したところが壊疽《えそ》になり、大腿骨のところまで切断するはめになった。だから私は、祖父が歩いている姿を見たことがない。苔のむした庭があるような古い家で隠居していたが、松葉杖などはないからシーツのような布に乗り、ズズっと自分で引っ張って体を移動させていた。

祖父の家まで行く道の、山の中腹に墓地があった。まだ土葬の時代だ。葬式があると、旗を持った人がそこを通っていく。死など理解していなかった当時の私は、お葬式があるとごちそうが食べられることが嬉しかった。

墓の脇にはローマ時代の水道橋のような水路が通っていたが、夕方その近くを通ると、聾唖《ろうあ》のおばあさんがいて「あー」という声を出していた。当時は「あっぱどん」と呼ばれていたが、子ども心には恐ろしく思えたものだ。薄暗い坂道にお墓、よくわからない言葉のおばあさん……よく覚えている。

現在の大桑原つつじ園

その家の跡は、今では大桑原つつじ園になっている。

そんな家に、父・豊貞《とよさだ》は明治四十五年(一九一二年)、五人きょうだいの四人目として生まれた。尋常小学校四年生までは行かせてもらえたものの、十四歳頃には奉公に出されたというから、貧しさゆえの苦労は身に染みていた。

けれども、とても優しく、包容力のある人だった。身長が一八〇センチもある当時としては大柄な体躯だったが、無口で本当に優しかった。

一方、母・ハツのほうは、山を所有し、大きな蔵があり、酒も造っているような羽振りのいい金持ちの家の長女として、大正六年（一九一七年）に郡山の近くで生まれた。

どうやら寺銭《てらせん》（博打《ばくち》などの場所の借り賃）を稼いでいた家系だったらしく、母のおばが壺振りをするところを幼い時に見たことがある。つまり、任侠の世界だ。今でも郡山に金寶《きんぼう》という日本酒の醸造元があるが、金寶という酒蔵が山の麓にあったから、おそらくそこに草鞋《わらじ》を脱いで守ってやっていたのだろう。

乳児をおぶって小学校に来る子どもが珍しくない時代だったが、母も農繁期には八つぐらい下の弟をおぶって小学校に通っていたという。高等小学校まではやってもらえたが、「女に学問はいらない」と言われて高等女学校には進めなかった。

母は一度、釣り合いのとれた金持ちの家に嫁いだものの、根っからの短気な性分から姑に我慢ができず、数日ももたずに夜逃げして出戻った。そんな、激しい気性の持ち主で、金遣いも荒い人だった。


こんな父と母が、もともと親戚でもあった（父の姉が、母の叔父と結婚していた）ことから、昭和十五年か十六年に結婚した。父が子年《ねね》で母が巳年《み》の六つ違いだから、子《ねずみ》が巳《へび》に食われるような感じだったかもしれない。

父は徴兵検査で甲種に一発で合格し、日中戦争と太平洋戦争の二回、戦争に駆り出されている。太平洋戦争に徴兵されたのは、結婚直後だった。満州、北京、上海、牡丹江などを転戦した後に行かされた南方でマラリアに罹ったが、そのせいで帰国することができ、三十四歳の時に私が生まれた。

私は昭和十九年（一九四四年）十月、父の包容力と母の短気を受け継いで、この世に生を受けた。私の下には妹、そして弟も生まれた。

1986年正月。父、豊貞と母、ハツ

二

私が生まれた昭和十九年というのはまだ戦時中で、日本の上空に米軍のB29が飛び始めていた。

私がまだ二歳にもならない頃のこと、そのB29が国鉄の郡山駅を爆撃した。近くに日本陸軍の飛行場（今の日本大学第二工学部）があり、駅前には毒ガス爆弾（マスタード）をつくっていた保土ヶ谷化学の工場もあったからだ。機銃掃射されたのは、母が私をおぶって実家に戻るときで、もしも一汽車遅れていたら、私たちは汽車もろともおだぶつになっていただろう。

父がマラリアにならなければ私は生まれてこなかったし、母が少し遅く駅に着いていたら私は死んでいたはずだ。そう思うと、いつも際どいところを生きてきたような気がする。

私が生まれた時、我が家は父の実家に仮住まいをしていた。ろくなものを食べていなかった母は乳が出なかったため、山羊を飼ってその乳を私に飲ませていた。母の弟には一人の子どもがいたが、事情があってその子も母が育てていた。

私が生まれた翌年八月、日本は降伏し、第二次世界大戦は終結した。

戦争は日本人の価値観を変えたが、お金の価値も戦前と戦後ではまったく違ってしまった。それにつけ込んでうまく儲ける輩《やから》がいる一方で、人の良い父は踏んだり蹴ったりの目にあった。

お金がないために、しかたなく近くの高玉《たかだま》鉱山で金《きん》を掘っていた時期もある。両親そろって金山へ日銭を稼ぎに出たのだが、家から通える距離ではない。私を実家に置いて、出稼ぎするしかなかった。宿泊所から鉱山まで、毎日二〇キロもの道を歩いて通ったらしい。

戦争から帰って来た父の病気が少し良くなった頃、「工機部に勤めないか」という話があった。昔の国鉄の車輌修理場で、立場は公務員だ。だが、父は別の道を選んだ。今では公には使われない言葉だが、いわゆる百姓だ。

昭和二十二年（一九四七年）、戦争に負けた日本では、ＧＨＱの指導で農地解放が行なわれた。地主の持っていた土地が、安く払い下げられたのだ。それによって、ようやく父も自分で土地を所有し、自分の土地を耕すことができるようになった。

父は炭坑で貯めたお金で、開墾する土地を買った。といっても、大した広さではない。一町歩、つまり一ヘクタールあるかないかだ。しかも、そこはもともと農地ではなく、木がたくさん生えた荒れ地だった。その木を一本ずつ倒して、根っこを手で掘り起こす。大きな木はノコギリでズーコズーコと切ってから根を掘るから、一日に一、二本ぐらいしかはかどらない。

今考えると気の長い話だ。戦後はそんな「開拓農家」が日本のあちこちにできていた。

水がなくて石がごろごろしている貧しい土地に、最初にできた作物は蕎麦だった。今でこそ健康食としてもてはやされているが、当時の蕎麦はおいしくなかった。次にできたのは豆。豆の木は硬いから、薪代わりにした。そのうち土が肥えて黒い土になってくると、サツマイモができた。次はジャガイモだっただろうか。

当時は水道もなかったから、父は自分で井戸を掘った。おそらく兵隊に行っていた時も、あちこちで井戸掘りをしていたのだろう。一〇メートルか一五メートルぐらい掘れば水が出てくるが、手作業だから自分が埋まってしまう危険も伴う。

父は深い中まで入って、ひとりで掘っていた。「持ち上げろ」と中から声が聞こえると、私たち弟妹が父を綱で持ち上げる。父は近所の人の家の井戸も掘っていて、微々たる労賃をもらっていたようだ。

そんな井戸掘りなどもしながら畑を耕していたが、なにしろ水がないから水稲はつくれない。だからつくっていたのは、米は米でも、畑に種を直播きして栽培する陸稲《おかぼ》だ。けれども肥やしがないので実がほとんどなく、収穫期になっても頭が垂れない有り様だった。

おそらく私が四歳か五歳のときだ。熱を出して大変な容態になり、母が背負って医者に連れていってくれたことをうっすらと覚えている。開業医だったが、その医者も戦争で足をなくしていた。まだ国民皆《かい》保険制度などはなかった時代だ。

その医者は「金はある時でええ」と言ってくれた。当時は、金持ちからは代金を取るが、貧乏人からは取らない医者が少なくなかった。その代わり、診てもらった家は大根やら蕎麦やらができたときに届けていた。

陸稲をつくってようやく穫れた米を、母は自分たちの口には入れず、その「医者様」に「ありがとうございました」と言って持っていった。

農地解放よりも前から農業をしていた家は「旧農家」と呼ばれていた。旧農家と開拓農家とは、食べるものも着るものも違っていた。開拓農家は貧しく、子どもは学校に持っていく弁当もなかった。

旧農家では白いご飯を食べていたが、我々は蕎麦を食べていた。旧農家の子どもは冬になると足袋《たび》を履いたが、私たちにそんなものはない。だから、足には霜焼けができた。いつもひもじい思いをしていた。食べるために生きていたようなものだ。食べるためには働くしかなかったから、父も母もとにかく働いていた。私が熱を出して死にそうなときも、母は小さな背に私をおぶって働いた。雪の日も雨の日も、朝から晩まで働いた。陽が昇れば起きて働く。暗くなっても、父は月の明かりで土地改良に精を出していた。

両親が開墾に明け暮れていたから、私は五歳のときにはもう子守りをしていた。私には二歳下に妹、そのまた二歳下に弟がいた。

その弟を、私と妹は手づくりの車に乗せて運んでいた。飼い葉桶のような箱をつくり、その下に心棒をつくって、桐の車輪をつくる、「子連れ狼」に出てくる大五郎の箱車のようなものだ。けれども桐だから柔らかく、すぐにすり減ってだめになる。しかたがないのでブリキの空き缶を丸めてくくった。

零歳《ぜろ》の弟を乗せたその車を私が引っ張り、妹が後ろから押す。舗装されていない、大きな石がゴロゴロした砂利道で、そこを馬車や荷車が行き来していた。ほんの二キロぐらいの道のりだが、ろくな靴もない幼い子どもたちには大変だ。

幼い兄妹がそんなに遠くまで行くのは、自分たちで食べ物を調達するためだった。小さな川に行って、小さなエビやドジョウを捕ってくるのだ。アカガエルも焼いて食べた。皮をむいて串に刺して焼くと、もものところがおいしいのだ。

車の後ろを押している妹が、くたびれて道路の真ん中で寝てしまったことがある。そうなると、さすがに私ひとりでは何もできない。言うまでもなく、電話もない。途方にくれた私がひとりで泣いていると、営団という開拓農家のための事務所の人が見つけて「どこの子どもだ」と人に聞いてくれた。誰かが「豊貞んちだ」と言って、送ってきてもらったこともあった。

小学校に上がる前の私は、父が引っ張る荷車を後ろから押して、約六キロの道を町までよく行ったものだ。街から人糞をただでもらってきて、山で発酵させて肥やしをつくった。バキュームカーなどない時代だ。

その肥料をかけたサツマイモはよく育った。だが、洗う水が乏しくてよく洗わずに食べるものだから、回虫の卵も一緒にお腹に入れてしまう。私だけではなく、お腹に虫がいる子はたくさんいた。化学肥料などが出回る少し前の話だ。

幼い頃、祖父母のいる母の実家に数ヵ月の間預けられたことがあった。母の家は山の一番高い、見晴らしがいい所に建っている。大きな屋敷に黒光りする大黒柱。庭の池には緋鯉や真鯉も泳いでいた。

そこではかわいがってもらえたし、おいしいものも食べられた。大きな母屋の隣りにある蔵の中には何も入っていなかったが、言う

父親方の祖父 貞治

父親方の祖母 キチ

ことをきかないと閉じ込められたものだ。

三

須賀川市立西袋第二小学校に上がった私は、六年間無欠席で通した。一度も風邪を引かなかったわけではない。母が「先生、実は熱三十九度もあっただけど」と言いながら、私を背負って学校に連れていったのだ。授業が終われば、また背負って帰ってくる。皆勤賞をもらうために、親も真剣だった時代だ。

学校はおもしろかったので、二年生ぐらいまではずいぶん勉強した。私は相当な優等生だったが、母もかなり教育熱心だったから、夏休みの宿題などでわからないところは教えてくれた。

けれども三年生頃から、学校は勉強をする環境ではなくなっていった。もともとの食糧不足に加えて、戦後の食糧難のために疎開してきた子どもたちもいたため、校庭を耕して芋畑にしたのだ。男児がトイレから糞尿を汲んできて、それを肥やしにした。「雑魚《ざっこ》すくい」といって、エビやドジョウ、フナやタニシも捕って売った。

秋になるとイナゴを捕った。どれだけ捕ったかを競ってごほうびの鉛筆やノートをもらい、それを売って学級費にした。そのお金でチョークや黒板消しなど、クラスの小物を買うのだ。落ち穂拾いもやった。拾った落ち穂を袋に入れて、目方を量る。それを親切で裕福な農家に持っていくと米に代えてくれるから、その米を売るのだ。キノコ採りも栗拾いもやり、それも目方で売った。冬には枯れた枝を拾った。石炭に火を付けるためだ。

こういうことを、放課後ではなく授業時間にやっていたのだ。そもそも学校にいたのが正規の教員ではなく、教員免許のない代用教員だった時代だ。正規の教員が来てようやく普通の授業が受けられるようになったのは、五年生ぐらいになってからだった。

学校で薪拾いや落ち穂拾いをしながら、放課後は自分のために金物拾いをやった。要はがらくた集めだが、針金やボルト、工事現場に残ったものや鉄砲の薬莢《やっきょう》を拾って目方で売る。安いが、それが小遣いになった。自分で小遣いを稼ぐようになってからは、食べ物を買った。

学校でも働いたが、家でもよく働いた。夕方帰宅すると、まず風呂焚きをする。ドラム缶の風呂釜を石に乗せたものに、煙突が付いているだけの粗末な風呂だ。そこに何か燃えるものをくべるわけだが、すぐに煙がこもるため、しょっちゅう「火事だ」と騒いでいたのを覚えている。

それが終わると、次は飯炊きだ。分福茶釜のような、鉄でできた分厚くて重い羽釜《はがま》で炊く。普通の釜は薪をくべるものだが、うちのは炭を使って蒸すようにするタイプだった。その釜は、私が高校で自炊を始めるときに、父が包んで持たせてくれた。電気釜などというものができたのは、大学生になった頃だ。

田植えの時期になると、農村では「農繁休業」といって小学校が休みになる。子どもたちは皆「鼻取《はなと》り（代かき）」で家の手伝いをした。鼻取りというのは、馬か牛の鼻に取り付けた二メートル弱の竿の端を持って、田圃《たんぼ》の中を走るようにして引き回す作業だ。

その馬か牛の体にはロープがついていて、ロープの先には馬鍬《まぐわ》がついている。大人がこの馬鍬を使って、田圃を平らにならしていく。

いわば田植えの下準備だが、馬がはね上げる泥が顔にかかるし、足元は悪いしで、子どもには重労働だ。疲れてくるとコースが曲がってしまい、親から叱られた。

旧農家と開拓農家の間には溝があった。開拓農民はもともとその地に住んでいたわけではないから、後からきたよそ者という目で見られたし、なによりも貧しかったので蔑まれていた。旧農家が三〇〇軒ほどあるなかで開拓農家はせいぜい一〇軒ほどだったから、少数派でもあった。

旧農家は白いご飯を食べていたが、こっちは良くても麦飯だ。陸稲というのはほとんど実が実らないので、実がはじけない青い米になる。中身がほとんどないから、唐箕《とうみ》という扇風機のような器具にかけると軽いものから遠くへ飛び、重さ順に落ちていく。

我々が食べるのはその中間ぐらいのものだが、それは「くず米」だ。少しでもいい米は売って金にする。一方、金持ちはいい米を食い、くず米は鶏や家畜の餌にしていた。

そんなふうだったから、私たちはずいぶんバカにされ、差別されていた。今は「差別はいけない」と声高に叫ばれているが、差別というのは昔のほうが今よりも多かったように思う。

小学校でも、開拓農家の子どもは旧農家の子から差別されていた。だから喧嘩が絶えなかった。私は病気の後遺症でびっこをひいていたから、それをからかわれることもあった。

私が同級生と喧嘩した時、母が相手の家に乗り込んで、「差別すんのは結構だけども、泥棒扱いするなんてとんでもない」と啖呵《たんか》を切ったことがある。「てめえ、もう一回言ってみろ、この野郎」と、すごい迫力だった。さすが博打打ちの娘だけのことはある。

このような出来事があると、両親は私に「いじめられたら、いじめ返せ」「倍返ししろ」と言うのだった。そう言って育てられたせいか、私には負けず嫌いな気質がある。「やられてなるか」「やっちゃえ」という気持ちだ。だから口八丁になったのかもしれない。口はおふくろに似たとつくづく思う。度胸と決断力はおふくろ似で、優しさはおやじ似なのだ。

ただし、周囲の人からはおとなしい子だと思われていたふしがある。実際におとなしくて静かなところもあったが、その反面、勝ち気なところもあった。足の後遺症のことで女の子にからかわれたときは泣きながら校庭中を追いかけ回したし、クラスメートと口げんかになると泣きながら立ち向かった。

「いいな、旧農家は。おいしいもんばっかり食って」と思ったこともある。けれども長い年月を経てみると、そういう家の多くは倒産して、もはやなくなっている。かろうじて残っている大きな家も、苦しい状況だ。

今振り返っても貧しい暮らしだったと思うが、なぜかお金が欲しいとはそれほど思わなかった。たしかにひもじい思いはしたけれど、畑でできたスイカや瓜を食べたり、芋も生で食べたり、親が知らないうちにいろいろなものを食べていたような気もする。朝早く川に行って、エビやドジョウやエビガニ（アメリカザリガニ）を捕ることもあった。

動物性タンパク質だから、しばらく水に漬けて泥を吐かせた後、自分で食べた。カラス貝やエビガニも食べるのだ。いつのまにかちゃんと食べ物を手に入れる能力は、小さい頃からあったようだ。だから、自分が苦労したと思ったことがない。

私の育ちを聞いた人は、身に染みた貧しさがバネになってがんばったんだろうと思うかもしれない。だが、正直なところ、「ちきしょう、貧乏人に生まれたから金持ちになってやる」と思ったことはない。医者になってからも、「病院をでっかくしてやろう」という野望は抱いていない。

実は、父の兄は大貧乏で育った反動から、庄屋からは一銭ももらわずに財を成している。借金のかたに奉公に出されて働かされたのが、とても悔しかったのだ。伯父は必死に働いて、ついに庄屋をしのぐ大きな百姓家になった。だが私には、そういうたぐいの悔しさはなかったのだ。

ただし、差別された側だったから、「金持ちと同じ土俵で競争をしても負けだ。別な土俵に乗らないと」と考えるようにはなっていった。同じ農業でも、「他の人と同じ米づくりだけではダメだ。ちゃんと商売になり、みんなのためになることをしなければ」という意識が芽生えていったのである。

家庭訪問に小学校の先生が来ると、母は「一夫は足が悪いから農業はできない。会社員や工場の事務員になるほうがいいので、珠算や算数に力を入れてほしい」と頼んでいた。小児麻痺の後遺症がある自分に、親の後を継ぐことはできない。だから、勉強をしなければならない、というのはその頃から感じていた。

五年生になると、疎開していた児童たちも東京に戻っていった。その頃からローマ字の学習が始まり、私はクラスで一番になった。といっても、一クラスの人数は十数人しかいない。壮年の男性が兵役に取られて、子どもが生まれなかった世代なのだ。

四

昭和三十二年（一九五七年）、私は須賀川市立西袋中学校に進んだ。西袋中には二つの小学校から卒業生が来ていたので、一クラスが五〇人の二クラス、一学年が一〇〇人ぐらいの規模になった。

中学校では英語が始まったが、私はすぐに学年で一番になった。小学校時代にあまり勉強しなかったので、国語、社会、数学などのように以前から続いている課目には自信がない。その分、英語はがんばろうと思ったのだ。二年生になると、秋の英語弁論大会にも出場した。

英語以外の課目ははじめのうちこそ芳しくない成績だったが、英語でトップになると次第に他の課目もがんばるようになり、三年生になる頃にはすべての課目で一番になっていた。私は努力家だったし、集中力が高かった。

数学では代数や幾何学が得意だったが、西袋中には数学の専門教師がいない。数学を教えていたのは国語の先生だったから、私が「マイナス一引くマイナス二はいくらですか」

と聞いたところ、「余計なこと聞くな」と叱られた。その先生には「マイナス」という概念がなかったのだ。

ただし、体育の授業はいつも見学していた。花壇のそばに立ってみんなが運動する姿を見ながら、自分が他の人と違うということをひしひしと感じるのは悲しかったし、とても悔しかった。

中学校に入ると、放課後のクラブ活動が必須になる。だが私に入れる運動部はない、と思っていた。どうしていいかわからずに廊下でたたずんでいると、安藤四加男先生という英語の教師が声をかけてきた。

「どうしてひとりでいるのか」と聞かれ、「体が不自由だから、どこのクラブにも入れません」と答えると、安藤先生は自分が顧問をしていた卓球部に誘ってくれた。

卓球部といっても、当時は体育館などないから、練習場所は教室や廊下だ。他の部員は皆ペンホルダーのラケットを使っていたが、激しく動き回ることのできない私は教頭先生に勧められて、大きなシェイクハンドのラケットを使うようになった。

練習はきつかったが、私は猛練習をした。大きなスマッシュを打ち、勢い余って転倒したこともある。

二年生の夏には、卓球の大会に出ることになった。岩瀬地区中学校体育連盟による総合大会が毎年開催されていて、卓球の試合も行なわれるのだ。公式の大会だから、誰もがここに照準を合わせて練習をしてきている。ただし、それまでに西袋中学が優勝したことはなかった。

当時の卓球には個人戦がなく、あるのは団体戦のみ。そして軟式と硬式があった。私は男子軟式チームのひとりとして出場した。チームは五人、私の出番は最後で、一回戦と二回戦は私の番がくるまでにチームは勝利を収めた。私を最後に回したのは、先生の配慮だったかもしれない。

だが決勝戦の最後に、私の出番が来た。相手は強豪校で、実績のある選手だ。対する私は無名で、痩せていたから強そうにも見えない。シェイクハンドのラケットを抱えるように、足が悪いために不自然な動きをする私を見て、「相手はびっこだ。勝てるぞ」などというヤジも飛んできた。けれども私は善戦し、最終的に勝利を勝ち取った。チームを優勝に導いたわけだ。

「勝ちました」と安藤先生に言いに行くと、先生は泣いていた。校長先生も私の所まで走ってきて、泣きながら祝福してくれた。

その勝利は、私にとっては単なるチーム優勝ではなかった。いつも体育の授業を見学していた私がハンディキャップを克服したという、自分への勝利だった。

その私の試合直後の姿が、新聞に掲載された。偶然にもその記事を、安藤先生のお兄さんが読んでいた。先生のお兄さんには私と同じように小児麻痺の息子がいた。それで、自分の息子に会ってほしいと安藤先生を通じて頼まれ、先生の生家まで行ったことがある。私はご馳走になって息子さんと少し話をしただけだが、その息子さんは大いに勇気づけられたと言って、後々ずいぶん感謝された。

三年生の夏休み、学校全体で二岐山登山をした。かなりの急坂がある山だ。私は無理だと思って参加しないつもりだったが、卓球部のメンバーが全員で登頂の喜びを味わいたいと言って、私をむりやりに連れ出した。

皆から励まされたり後ろを押されたりして頂上まで登り切ったことは忘れられない。卓球部のメンバーとは、後々までも友情が続いている。

中学校では、体育クラブと学芸クラブの両方に入らなければならない。そこで、私は珠算部に入った。珠算部も顧問は安藤先生だ。授業が終わると、まず珠算部に行き、その後で卓球部に行くという毎日だった。

珠算も練習に継ぐ練習が必要な技能だから、私は一生懸命に取り組んだ。鼻取りの季節でも、昼の休み時間に手だけを洗って、ひとりで練習をした。そのおかげで、算盤は準二級になった。

だがある日、安藤先生は私にこう言った。「一夫君。あんたは算盤を使う人間を使う人になるかもしれない。もう算盤は、そこまででいい」。

そう言われて間もなく、私は珠算部を辞めた。

その頃から、日本の経済は急速に発展していった。

中学一年か二年の頃にパンが出回るようになり、「うまいな」と思った。畑で穫れた小麦を一升、パン屋さんに持っていくと、パン何個かと取り替えてくれる。我が家では小麦の粉は夜の味噌汁に入れる団子になったが、私はパンが好きだった。当時、一番うまいと思ったのは揚げパンだ。あんパンやクリームパンも好きだった。

ちなみに、この世の中にこんなにうまいものがあるのかと思ったのは、チューブに入っていたチョコレートだ。中学の修学旅行で鎌倉に行ったときに食べて感動した。

高校には自転車で通った。だが、寒い冬には自転車通学は厳しい。バスと汽車を使わなければとても行けない。私の場合は身体障害者の証明書を発行してもらえば、乗車賃を割引いてもらえる。そこで、証明書を申請するために、父と一緒に福祉事務所に行くことになった。

小さいときから、自分の足が悪いことはわかっている。歩くときはびっこをひくし、みんなができる運動もできない。自分は障害者であって、それはしかたがないことだ。それに、少しでも乗車賃を割引きしてもらえれば、父にはありがたいのだ。

だが、内心では福祉事務所に行くことに抵抗があった。自分は他の人と違うということを認めるようで、悔しかったのだ。申請窓口まで行ったとき、私の胸は高ぶっていた。不意に目から涙があふれ、気がつくと父にこう言っていた。

「たしかに僕は身体障害者ですが、そのために特別な恩恵を受けたくありません」

父は私の気持ちを汲んでくれ、申請書を窓口には出さなかった。

中学校には、いわゆる「番長」が二人いた。今でもそうかもしれないが、子どもの社会にも番長という親分格が存在し、その番長に対抗する第二の番長もいた。それぞれが子分を従えていて、どちらかの子分は別の組からいじめられることもあった。

だが、私はどちらの番長にも与《くみ》しなかった。どちらになびくのも嫌だったからだ。子どもは心にも、権力にはおもねりたくないという意志を持っていた。だから両方の番長から目をつけられて「ちょっと話がある」と言われたこともある。だが、いつのまにか二人とも私の味方になっていた。私の少し冷めて大人びたところが一目置かれたのだろう。

成績が良かったから、勉強を教えてやったこともある。そうして、番長にも言うことを聞かせる術《すべ》をいつのまにか身につけていた。

三年生のとき、何かと私を気にかけてくれていた安藤先生から、ひどく叱られたことがある。

西袋中で成績がトップになっていた私は、少し慢心していたのだろうか、同級生に「その数学の問題、教えてやっか。そう難しくねえぞ。いや、教えないほうがいいべ。ひとりでやったほうが身のためだよ」と言ったのだ。

それを聞いていた先生は、いきなり私の左頬を殴りつけた。「秀才ぶってるんじゃない。たった三百人ぐらいのトップがなんだ。広い世の中にはお前ぐらいの秀才は掃き溜めのゴミほどいるぞ。のぼせるな」と言われ、私は痛さと情けなさで涙をこぼした。頬よりも、心が痛かった。

中学３年生（後列左）

少し脇にそれるが、私が高校に上がる頃、我が家でも水稲ができるようになった。話は明治時代の半ばにまで遡るが、その頃の日本は富国強兵策を取っていた。国を豊かにするのに最も重要なのは、食糧の供給である。より多くの食糧を生産するために、多くの屯田兵が開墾のためにやって来た。多くは九州からだ。西南戦争などから逃れてきた人たちが、もともと人口が少なかった地へ送られてきたわけだ。

その際、開墾のために水路が引かれた。明治十六年頃のことだ。オランダから水路の設計士が来て、猪苗代湖から安積平野まで安積疎水をつくった。それまでは阿武隈川が流れていたものの、高い台地にまで水は来ない。けれども安積疎水ができたおかげで、桑しかできなかった台地で、稲がつくれるようになった。

ただし、須賀川には、戦後まで安積疎水が入ってこなかった。バイパスができてようやく須賀川にも安積疎水が来たのは昭和三十年頃だ。朝鮮戦争の特需で生まれたお金でつくったのだろう。

それまでは、自分たちの溜め池を持っている旧農家にしか水が行かなかった。開拓農家の土地はその溜め池よりもずっと高い所にあり、その溜め池を使うことはできなかったのだ。だが、安積疎水が近くまで来たことで、我々も水が使えるようになった。

ところが、これが水騒動を生んだ。我が家は最も奥にあり、水が来る順番としては最後だ。他の家の田圃に水が行った後でうちに来るわけだが、夜中のうちに水が止められるということも起こり、あちこちで大喧嘩が始まった。部落によっては殺人事件も起こったようだ。我々の部落では殺し合いこそなかったが、揉め事はたびたびあった。

だが、それはそれとして、水稲ができるようになったことで、我が家の暮らしは少し楽になった。

五

高校は、郡山市にある郡山工業高等学校に上がった。当時の郡山は今よりもずっと栄えており、仙台と肩を並べる都会だった。

工業高校に行こうと思ったのは、原子物理学や理論原子物理学を勉強してみたかったからだ。私は京都大学の湯川秀樹博士に憧れていた。昭和二十四年にノーベル物理学賞を受賞したことをラジオで聞いて、感動したのだ。

中学の図書室で著書を借りては読みふけっていた。自分も物理学をやって、湯川博士のようになりたい。工業高校へ行けば、大学で専攻するよりも早くそういう勉強ができると思った。入試の倍率は当時そのあたりで最も高く、たしか六倍だったと思う。

経済成長時代になっていたため、欧米に追いつけ追い越せとばかり、日本の各地に工業高校が新設され、電子科というコースができていた。そして私の学年が、電子科への初の入学生だった。

当時は「コンピューター」という言葉はなくて「電子制御」といった。電子制御でダムの水を一定にする方法を習ったときは、すごいなと思ったものだ。

あの時代の工業高校生は、一年生の終わり頃にはすでに石川島播磨重工業や日立製作所、日立造船、八幡製鉄所や富士重工といったそうそうたる重厚長大産業企業への就職が決まっていた。

けれども工業高校だから、電柱に登ったり、高圧電線を引いたり、鋼をつくったり、ねじをつくったりする。いわば実学でしかないことに違和感を覚え、これは自分のやりたかったことと少し違うなと思うようになっていった。また、自主的に勉強をしていたから、教科書は三年間分をすべて半年で終えていた。

一生懸命に取り組めば一年足らずで終わるような授業内容の学校に対しても、大人に対しても、どこか馬鹿にしたいような気持ちが心の中で芽生えた。この学校では実際に役に立つことは学べるかもしれないが、人間のことは学べない。そう思うと、物足りなかった。自分はパンを得るためにだけ働く大人にはなりたくなかった。

各県で行なわれていた県の校長会模擬テストで、英語でも数学でも優秀な成績をとったところ、誰かに「一番になったらもったいねえな、あそこの学校に行ってんのは」と言われたこともこたえた。

結局、私はその高校に一年足らずで飽きてしまった。

やはり京都大学か東京大学に入らなくてはならない。そのためには、普通の高校に入学し直す必要がある。そこで「郡工を辞めて、安高（安積高校）でやり直したい」と親に相談したのだが、「とんでもない」と反対されてしまった。

「母さん、頼むから。一番いいとこの公務員になれんだから」

「それだけはやめてくれ。金ないんだから」

どうしても首を縦に振ってくれない。そこで、しかたなく家出することにした。上京して新聞配達をしながら大学に行き、卒業したら両親に恩返しをしますというような書き置きを厚いザラ半紙に残し、朝までばれないように枕で偽装工作して、家を出た。十六歳だったと思う。寒い一月の真夜中だった。

友人から五〇〇円を借りて、須賀川駅から上野行の鈍行列車に乗った。当時の鈍行は夜中だと特急のように走る。

「故郷よ、さらばじゃ。志遂げるまでは帰ってこない」

と心の中で思った。金を借りた友人には口止めをしておいた。

錦糸町にいたかつての同級生を頼り、とりあえず彼の職場に就職させてもらった。トランジスタラジオを流れ作業で作る会社である。当時はラジオが売れていた。月給は三〇〇〇円か四〇〇〇円だったような気がする。高卒の給料が七〇〇〇円ぐらい、中卒だと四〇〇〇円ぐらい、大卒が一万円か一万二〇〇〇円の時代だ。何にも入れないコッペパンが十円で、何か挟むと五円プラスで、十五円だったのは覚えている。

私は同じ会社に勤める同い年ぐらいの若い子たちと、一つの部屋で寝起きしていた。段々ベッドだ。昼間は働いて、夜は普通高校に入るための勉強をした。目指すは当時の名門、日比谷高校だ。

電気スタンドなどないから、部屋の明かりを点けて勉強する。同室の男子たちからは

「電気を消せ」と言われた。質屋の前を通ると、電気スタンドが飾ってある。勉強するためにのどから手が出るほど欲しかったが、お金がないから買えなかった。

もっと自由に、そして昼間に勉強できる場所が必要だ。私はラジオの仕事を辞め、新宿の大久保で新聞配達を始めた。同僚には早稲田や慶應に通う大学生がたくさんいた。朝の三時に大きな呼び鈴が鳴って起こされる毎日が始まった。

まずは、新聞の間に織り込み広告を詰める。その新聞を自転車の籠に積むわけだが、かなりの高さになるから自転車をこぐのも大変だ。私はハンドルをふらつかせながら、新宿にあるマンションに新聞を配って回った。

そんな暮らしをしていた二月の末頃、親や安藤先生、中学の担任の先生などが私を迎えに来た。最初に金を借りた友人が話したのだろう。あとは、たどってたどって聞きつけて、探し当てて来たわけだ。

驚いたことに、私が受験したいと言っていた安積高校の受験手続をすでに済ませていてくれた。「みんな手続きしたからね。あとは受けるだけだ」「落ちたらば、百姓でもやれ」と言われ、私は故郷に戻った。

福島の安積高校は、久米正雄、高山樗牛《ちょぎゅう》、朝河寛一などを輩出した地域の名門校だ。いわゆる難関校だから試験の倍率も高かったが、私は学区外生だったから余計に不利だった。

というのは、学区外からは五パーセントしか生徒をとらないのだ。つまり、定員三〇〇人のうち、十五人しか学区外の子は入れない。いろいろな地区から選りすぐった生徒が集まってくるうえ、須賀川からはせいぜい一人か二人しか入れないから、競争率は高くなる。だが、私は三〇〇人中十一番で合格した。そして家出のために皆よりも一年遅れたものの、私は安積高校に入学した。

六

高校時代には、とにかく本をよく読んだ。主に三木清の『人生論ノート』や高山樗牛など、思想・哲学の本だ。特に夢中になって読んだのは、阿部次郎の『三太郎の日記』だった。当時の学生にとってバイブルのような書だ。

実は私自身も、高校時代から大学生ぐらいまではずっと日記をつけていた。だが忙しくてつける暇も読み返す暇もなくなったまま、その日記は東日本大震災で行方しれずになってしまった。

詩も好きだった。室生犀星や北原白秋、石川啄木など、少し暗い感じのものに惹かれた。読むだけではなく、自分でも詩はけっこう書いていた。後年、医師会で何か投稿しろといきなり依頼されて、その作品からそのまま出したこともある。何十冊にも及んだものが、震災で散逸してしまったのは残念でならない。

恋をしたことも、詩を書く原動力になっていた。恋と言っても、中学時代に好きになったクラスメートと手紙を交わす程度。今の男女とはずいぶん違っていた。

とにかく本を読みまくった高校時代だった。学校の図書室にある本は、ほとんど読ん

安積高校1年（最後列中央）

だと言って過言ではない。そのおかげで視野が広まったのはいいが、もはや湯川秀樹だけに憧れる高校生ではなくなっていた。

私は若者らしく、内面的な世界に目覚めていった。物理学や数学は理論であって、そこに思想はない。このまま物理の世界に進んでも、どこかで後悔しそうな気持ちになった。

いつのまにか、自分の将来の指針がなくなっていた。「自分は何のために生まれてきたのか」「人間はなぜ生きるのか」「私は生きている価値があるのか、ないのか」……。

そんな、自分の中に芽生えた問いに、答えあぐねていた。

将来進む道についても、きちんと結果の出る理系への志向と、結果が出ない代わりに奥行きのある文系への憧憬とが、私の中でないまぜになっていた。

医学生時代

一

入り直した安積高校で三年間を過ごして、大学を受験した。けれども、志望していた京都大学は不合格。しかたなく福島県立医科大学に入った。といっても医学を志したわけではなく、たまたま受けてみたら合格しただけのことだ。できれば浪人させてもらって、もう一度京都大学にチャレンジしたかった。

だが、とにもかくにも二十数倍の競争率を勝ち抜いて公立の大学に合格した息子に、母は言った。

「なあ、一夫。まずは入っとけ。来年、また受けんのもいいから。金ねえんだから、うちは」

そう言われて私も、「まあいいか、そのうち転校でもすっか」と思って入学したわけだ。医科大学は六年間だから、将来について考える時間はたっぷりある。

こうして昭和三十九年（一九六四年）、私は期せずして医大生となった。

医学を志していたわけではなかったので、入学当初は医学書以外の本ばかり読んでいた。あいかわらず物理学は好きだったが、その頃は湯川秀樹の著書ではなく、ニールス・ボァという原子物理学者や量子学者の本を読みあさるようになっていた。高等数学も好きだった。

あいかわらず人生論や恋愛論など哲学の本にも深入りしていたし、ボードレールなどの暗い詩も読んでいた。小説ではドストエフスキーが好きだった。要するに、「人間とは何ぞや」「人生とは何ぞや」という問いを抱いたまま、暗い悩みの淵をさまよっていたのだ。

自分の存在意義についての葛藤があり、世の中の理不尽なことに対する怒りもあった。本というのは読めば読むほど、いろいろな疑問を私に抱かせることになった。

そのうちに、自分は何のために、何を目指して勉強するのか迷うようになった。そもそも医者になるつもりはなかったわけだから、将来が見えないのだ。医大の中では少し珍しい部類だっただろう。どちらかといえば、世の中を冷めた目で見ていた。

冷めたところがある一方で、悩みも深かった。このまま医学をやるのか、物理学をやるのかという進路についても悩んだし、家族についても、恋愛のことでも悩んだ。当時、医者を目指す学生のほとんどは男性だった。今は男女が同じぐらいの比率になっているが、その頃の医大に女性は一割ぐらいしかいなかった。

中学から続いていた女性のことも悩んだし、別の女性のことも悩んだ。恋愛とは何か。男と女が動物的に営む生命維持の手段だけではないはずだと真剣に考えた。

といっても、特に変わり者だったわけではない。当時多かった「悩める学生」の典型だったともいえるだろう。上から下まで黒の服に身を包んで、少し格好つけていたロマンチストでもあった。

だが、そんな葛藤とは関係なく、面倒見がいいせいか、大学でも友人は多かった。困っている人を見ると、ほうっておけないのは性分らしい。

二年生の四月、新入生歓迎会で飲み慣れない酒を飲み過ぎた一年生が体調を崩したことがあった。生まれて初めての酒だったようだ。私はその後輩を下宿まで送っていきながら、「新入生に酒を飲ませるのはよくない。考えながらやらないかん」と言って謝った。その新入生の名は遠藤晃といったが、その後は麻雀仲間となり、試験のときには答案を見せ合う悪友ともなり、今に至るまで親交が続いている。

大学にいるギャンブル好き、遊び好きの奴は全員が友人だった。一学年は五十人ぐらいだったが、三分の一は私の友人だったろう。学内には派閥があったが、私はどこにも属さなかったし、誰かの言うことを「はいはい」と聞くこともなかった。逆に、みんなに私の言うことを聞かせた。親分肌とまではいかないかもしれないが、人を上手に使うほうだったのだ。

入学してすぐに入った卓球部でも、二年生になった頃には部長になっていた。たるんでいる奴を竹刀で叩くこともあったが、相手が六年生でも誰からも文句は出なかった。

新聞部にも入っていた。少し過激な学生新聞だ。アジビラ（アジテーションを書いたチラシ）のようなものを書きまくって、ガリ版刷りして配った。

アルバイトもやった。最初の頃はまじめだったから、高校生の家庭教師をした。一回二五〇〇円ぐらいで、週に二回ほどやっていた。だが、飲み食いや麻雀で、もらったお金はあっという間に使ってしまっていた。

私の気の短さと金遣いの荒さは母親譲りだろう。父は母に家計を預けなかった。母がどこかに出かけるときは、財布からお金を少し出して渡していた。それでも、お金を持つと全部使ってしまうことを自分でわかっていたから、母はそれを不満には思っていなかった。

父は私のことは信用していたようで、郵便局や農協に預けたお金を下ろすようにと、遠い町まで自転車で行かせたこともある。だが、実は私も母と同じで、あるお金はすべて使ってしまう質《たち》だったのだ。

バイトではクラブのバーテンダーもやった。カクテルをつくるのは上手だったし、酒がただで飲めるのもうれしかった。

アルバイトではないが、パチンコでも儲けた。一日やって、いいときは五〇〇〇円ぐらいの稼ぎにはなった。今の二万円ぐらいには相当するだろう。有り金がなくなると、馴染みの飲み屋に行き、「ちょっと金貸してくれ」と言って一〇〇〇円ぐらい借りる。そして再びパチンコ屋へ行き、元を取ってくるのだ。もちろんギャンブルだから損をすることもあったが、その飲み屋はなぜかまた貸してくれた。儲かれば借金を返すついでにそこで飲んで、ホルモン焼きを食べた。

競馬もやった。福島競馬だ。元手はタイや香港から来ていた留学生から代わりばんこに「今日の夕方返すから」と言って借りた。五〇〇〇円借りて、一万円儲かったら、利子を付けて六〇〇〇円返す。負けたときも、約束は必ず守った。タイの留学生から借りて、返せなければ香港の留学生から借りて返す。それでも返せなかったら。また別な人間から借りる。

このへんの誠実さややりくりのうまさは、社会人になって借りる相手が銀行になっても同じだった。約束を守れば、人はまたお金を貸してくれる。

私は不思議な人間かもしれない。お金がないときでも、私の目を見るとみんな貸してくれた。腹が減ったときも誰かが食わせてくれた。何かなければ誰かが持ってきてくれた。

郡山にいる医者に借金を申し込んだこともある。赤の他人だ。でも、貸してくれた。遠藤晃君が驚いて「一夫さん、どうすれば借りられるんだ」と聞いてきたので、「簡単だよ、『貸してくれ』って言って行けば、貸してくれるよ」と答えておいた。要は迫力と誠意だろう。借金もハートで申し込むのだ。

二

大学時代の出席率は、およそ六割といったところだろう。医学部は一学年に五〇人ぐらいしかいなかったので、いわゆる代返はきかなかったが、授業には最低限しか出なかった気がする。なにしろ学生運動をやっていたのだ。

私は青年医師連合の執行部だったから、警察にマークされていた。学生運動にも、革マル、民青、代々木、赤軍など、いろいろな派閥がある。福島県立医科大学には、ブント（共産主義者同盟）に入っている学生が多かった。私自身は、入ってもいない民青（共産党）だと思われていたようだ。

私服警官に四六時中尾行され、警察に何回も連れていかれた。もっとも警察が見張っていれば、思想の違う団体から攻撃されるのを防げるはずだ。マークされていたほうが逆にいいんじゃないの、ぐらいに私は思っていた。

新入生歓迎会で酔いつぶれた遠藤晃君も、警察にマークされていたひとりだった。彼は考え方においては私と変わらなかったが、行動は私よりもはるかに過激だった。大学に立てこもり、過激なデモの指示を出して逮捕者を出しただけでなく、大菩薩峠事件の首謀者でもあった。大菩薩峠というのは、赤軍派が爆破訓練や軍事訓練をやって、五十数名もの高校生や大学生が逮捕された事件だ。

だが、私はある時点で執行委員を辞めた。そして逆の立場、つまりデモをやめさせる側の陣頭指揮に立った。これを「スト破り」という。

執行部のメンバーは初め、ストライキの時期は三ヵ月だと言っていた。ところがその期間が伸ばし伸ばしになり、ずっと休校が続いていたのだ。約束違反ではないか。これでは勉強ができないし、卒業もできない。それでノンポリの学生を連れて、バリケードを取り払った。学生運動派は「セクト派」と呼ばれていたが、私は「アンチセクト」になったわけである。

角材を振り回す連中がたくさんいて、総括リンチまである時代だから、スト破りをした人間は闇討ちを食らって殺されるかもしれなかった。だが、誰かがやらないと、勉強したい人も勉強ができないという状態が続くことになる。医者どころか、まだ医者の卵にもなっていないのに、主張するばかりでは意味がない。理想を現実化するためには、ちゃんと医者にならなければならない。

スト破りは命がけだったが、幸いなことに、私には親しい友人がスト派にも、民青にも、アンチスト派にもたくさんいた。彼らへの根回しやセクト派への説得で、私はストライキを止めさせ、大学はようやく授業を再開させることができた。

学生運動が収束したとき、大学側は運動の首謀者を何人か罰した。退学処分や無期停学などだ。遠藤晃君の処罰は一番重くて、無期停学になった。私たちが嘆願書を出すなど処分の反対運動をしたせいか、大学側は再入学許可を出したものの、彼は医学部に戻らなかった。

大菩薩峠事件のために退学処分を受けた高校生に申し訳ないと思ったのだろう。彼はその後は中央大学法学部に入り、弁護士になった。そして、今は私の病院の顧問弁護士となり、理事や監事もやってもらっている。

三

学生運動にのめり込んだ頃、読む本は『マルクス・レーニン主義』や『資本論』などになっていた。当時の流行語は「デカンショ」。デカルト、カント、ショーペンハウエルという哲学者のことだ。

彼らの書物を読むのは、当時の大学生にとっては当然のことだった。別の共産主義としての『毛沢東語録』も読んだし、逆の立場の本も読んだ。けれどもいろいろ読んでいるうちに、何が本当なのかわからなくなっていた。

その頃の大学生には珍しく、私は車を持っていた。麻雀や花札などの仲間には社会人もいて、その中のひとりが私に車を買えと言ったのだ。「いや、俺金ないんだけど」と抵抗したのだが、「金なくても買えるから、大丈夫だ」と言われて、新車を買ったり、中古のオンボロのスポーツカーも買ったりと、いろいろ乗り換えていた。中学時代の友人が車の運転手や整備工だったことも、車を身近に感じるきっかけだっただろう。

高度経済成長時代で伸びていた自動車産業では、セールスマンが「売れよ、売れよ」の営業を展開していた。学生の私が相手でも、とにかく売れれば自分の実績になるから、私に売りつけるのだ。

なんとか買うことができた私も、お金がないから長続きはしない。だから少しすると手放して、また買う、ということを繰り返していた。安く買って、少し高く売ったりしていた。

その車で、夏休みには弟と一緒に西日本を一周した。所持金は八〇〇〇円しかなく、十日か二週間ぐらいの旅の間、風呂には一回も入らなかった。後ろに一斗缶ガソリンを三本ぐらい積んでいたから、もしも追突されたら死んでいただろう。

友人がたくさんいても、ちゃんとご飯が食べられても、車を持っていても、ギャンブルが強くても、なにか満たされないものがあった。命の根本的なところで、私は常に悶々としていた。

人は明確な目標が定まらなければ、どこかむなしいものだ。学生運動をやっていたときには、掲げる目標があった。スト破りをするときにも、目的があった。だが、その目的を達してしまった私は、一気に虚しさを感じるようになってしまい、卓球部もやめてしまった。

知識があればあるほど、勉強すればするほど、本を読めば読むほど、いろいろな人と議論をすればするほど、考えれば考えるほど、悩みはどんどん深みにはまり、私は思い詰めていった。死にたいという衝動にもかられた。

そして私は失踪した。「いなくなるよ」という書き置きを先輩や議論をしていた仲間たちに残して、姿をくらませたのだ。書きためた日記を積み重ねて、「私の魂の結果は、この手記に全部ある」というようなことも書いておいた。行き先は、今回も東京だ。悩んで上京したものの、腹が減っては何もできない。食べるためには働くしかない。東京でアルバイトなどをして、その勤め先のアパートに住んだ。

東京に住んでいると、宗教の勧誘がたくさん来るのに驚いた。一番来たのは創価学会だったが、ご飯を食べさせてくれるというので、品川の本山まで行った。話も聞いたが、悩みは晴れなかった。

書き置きを見て驚いた友人たちは、私を捜した。自殺すると思ったのだろう。失踪してから一ヵ月ほどで探し当てられ、「おまえの悩みはわかった」「死ぬな」となだめられた。まあ、こちらとしても「探してくれよ」という気持ちはあったし、行き先のヒントもわかるようにしていたわけだから、甘いと言えば甘いだろう。

結局、半年ほどして大学に戻ったが、一年落第することになった。といっても、早く医者になりたいと思ったわけでも、医学を極めたかったわけでもないので、落第したことが残念だとは思わなかった。

とはいえ、半年ぐらいして戻ったのは、東京にいても埒《らち》があかない。やはり私は医者になるしかないのかもしれないと思い始めたからだ。そして、「どうせ医者になるなら、誰もならないような医者にならなくては」と考えるようになっていった。

それまでろくに医学の勉強をしてこなかった私も、ようやく「医者になるか」という決意を固めたのだった。

こういうわけだから、私が医者になったのは、いわば成り行きだ。

四

卒業する前には、専攻を決めなければならない。

はじめは癌の専門医になろうと考えた。当時は癌といえば、胃癌が代名詞だった。胃癌だと診断されることは死の宣告にも等しかったから、患者には告知されない。家族も本人に教えない。

死ぬ前に「知りたかった」「生きている間にやりたいことがいっぱいあったのに」と嘆くというのが定番だった。それでは悲しすぎる。だから私が癌の大家になって患者を救おう、そのためには外科医になろうと思った。

ところが六年生ぐらいになった頃、外科は外科でも「脳外科」か「心臓外科」をやってみようという気になった。当時は心臓外科手術も脳外科手術も、結果的にはほとんどの患者が死んでいた。ただし、脳外科医も心臓外科医も全国に数百人しかいない。競争相手が少ないだけに、その大家になることはできると思ったわけだ。

脳外科と心臓外科の間で迷ったが、心臓外科のほうが人が死ぬケースがより多いこと、手術が大がかりなことを考えると、脳外科のほうがいいと思えてきた。心臓の手術では、人工心肺というものを回す。今は臨床工学士という専門家がやっているが、当時は医者が六人ぐらいで回していた。つまり、心臓手術は医者が何人もいないとできなかったのだ。

脳外科なら、自分ひとりでも手術はできる。腕があって、顕微鏡とセルフレトラクターという機械さえそろえれば、助手の医者や看護師がいなくても手術は可能だ。なによりも新しい分野だから、チャレンジのしがいがあった。それで、最終的には脳外科に決めた。

少し話は逸れるが、脳外科医の歴史は案外古い。最初の脳外科医は、十六世紀にフランスのブールで床屋をやっていたアンブロワーズ・パレだと言われている。徴兵されて衛生兵になった彼が、持っていた剃刀で頭を開けるドリルを発明したのが始まりだ。

だが、実は一四〇〇〜一六〇〇年頃のインカ帝国でも脳外科手術が行なわれていたことが、遺跡発掘からわかっている。脳外科は新しい分野だと言ったが、古来さまざまな試みはなされていたのだ。

近代技術の発達した現代の脳外科は、私が大学を卒業する直前の昭和四十四、四十五年頃に曙の時代を迎えていた。

当時、脳外科の対象手術といえば脳腫瘍だった。脳腫瘍の罹患率は一〇万人に一〜五人ぐらいだから、患者は少ない。ただし、脳外科の専門医がいないこともあり、脳腫瘍になると死んでしまうのが普通だった。私の中学校時代の親友も、若くして脳腫瘍で亡くなっていた。

外科が脳外科も兼ねる時代で、脳外科医であっても、くも膜下出血の手術すらできなかった。

脳卒中にいたっては、治すことができなかったどころか、脳外科の領域ですらなかった。当時は今よりもはるかに多くの脳卒中の患者がいたが、動かすと吐いて窒息死してしまうため、内科的な治療しかできなかったのだ。

「脳なんか触るな」「寝かせとけ」と言われていたので、昭和五十年に佐藤栄作首相が倒れたときも、倒れたお茶屋さんのトイレの前で、ただ寝かせられていた様子が全世界にテレビ放映された。

その頃、交通事故の件数が飛躍的に増えていた。日本が高度経済成長時代に入り、歩道や横断歩道などのインフラが全く整わないうちに、自動車だけがどんどん増えていったからだ。道幅も狭かったし、交通ルールもなかったから、車にはねられるお年寄りが絶えなかった。にもかかわらず運転する人は車を飛ばすから、追突事故も多かった。

交通事故などで頭を損傷した場合、手術が施される脳の傷病《しょうびょう》は主に二種類あった。一つは急性硬膜外血腫。頭を打つと頭の骨が割れて、その割れ目からじわじわと出血して、脳を圧迫する。ほうっておけば、意識がだんだん遠のいて死んでしまうが、当時はCT（コンピューター断層撮影）もないから、主に見守るしかなかった。

もう一つは慢性硬膜下血腫。頭をぶつけて、一～三ヵ月のうちに頭が痛くなったり、手足がきかなくなったりした人の頭に穴をあけると、血が出てくる。どちらも交通事故による患者が多かった。

ところで、日本に初めて顕微鏡手術が導入されたのは、私がまだ医学生だった昭和四十四年（一九六九年）だ。導入したのは菊池晴彦先生で、チューリヒ大学で顕微鏡手術の元祖と言われるヤシャルギル教授から伝授された技術を、日本に持ち帰ったのだ。

菊池先生は奈良の天理よろず病院の整形外科や形成外科の先生に、血管吻合《ふんごう》や神経吻合を伝授した後、京都大学教授や国立循環器病センター総長などを歴任し、二〇一二年現在、神戸市民病院機構の理事長を務めている。

切れてしまった腕の神経や静脈動脈、筋《すじ》や骨もつなぐような外科手術を最初に導入したのも先生だった。ちなみに、日本で生体肝臓移植（肝移植）を初めて成功させたのは京都大学だが、それも菊池晴彦先生が京都大学教授時代に血管吻合をやったことである。

顕微鏡のおかげで、頭の中の詰まりそうな血管にバイパスを通して脳梗塞を防ぐという手術も普及した。だが、大学生時代の私は、そんなことはほとんど知らなかった。

大学病院時代

一

私が福島県立医科大学を卒業したのは昭和四十六年（一九七一年）。すでに、その三年前からインターン制はなくなっていた。

大学を卒業するのに七年間かかったが、学生運動の時代だから試験勉強をしなくても医師国家試験は通った。「医者余り」と言われる以前で「医者不足」の時代だったから、医学部を卒業すれば、ほぼ全員に免許が出たのだ。

医者になるのは年間に三〇〇〇人ぐらいしかいなかったため、開業すれば億万長者になった時代でもあった。今とは医療費も平均寿命もずいぶん違う。高度経済成長時代だったこともあり、六十歳以上の医療費は無料だったが、それでも医者は儲かっていた。

大学を卒業した私は、そのまま福島県立医科大学病院の第二外科に入った。第一外科は心臓のほか、胃や消化器系の癌を扱っていて、志望する医者が多かった。第二外科は、脳のほかに小児外科と甲状腺などの特殊な部位を扱っていたが、要求される技術が難しかったこともあり、志望者は少なかった。

だが、私は絶対に第二外科に入ろうと決めていた。どうしても脳神経外科をやりたかったからだ。脳や神経に障害があっても、適切な治療を施すことで、まったく動かなかった手足の機能が嘘のように回復していく神秘に惹かれていた。

外科に入ったとはいえ、下っ端だから何もやれはしない。なにしろ「医員」という名の無給副手だ。暇を持て余して、パチンコと麻雀と競馬ばかりやっていた。これでは学生時代と変わらない。

頼まれる雑事は検査の伝票貼りや、注射の伝票書きぐらい。つまらないと文句を言って、看護師や先輩に怒られた。

当時の私のあだ名は「三言多い《みこと》」。一言多い人は結構いるし、二言多い人も少しはいるだろう。それでも三言多いと言われたのは私ぐらいではないか。自覚はなかったが、よほど余計なことをたくさん言ったのだろう。おそらく、これは一生変わらないと思う。

こんなことがあった。法律では看護師が注射をやることが禁じられていたものの、ほとんどの病院でやっていたので私も頼んだのだが、そのときに「もし注射やんなかったら何やってんだ？　体拭きとベッドメイキングだけだろうが。ただ飯だし」などと言ってしまったから大変。看護師が何十人も集まって、「もう注射はしない」と医局へ訴え出た。びっくりしたのは医局だ。教授や助教授などが何十人も集まり、「渡邉、頭下げて謝れ」と責められた。正座をさせられた私は「なんで私が謝らなくちゃならんのですか」と反論したが、「何でもいいから早う謝れ」と言う。納得はいかなかったが、「謝りゃいいんだったら謝りますよ」と謝った。

パワハラやセクハラという言葉もなかった時代で、看護師に平気で「ブス」と言ったり、お尻をバーンと叩いたりもした。ただし、美人の看護師にはもてていたし、みんなで飲みに行くこともたびたびあった。

なお、結婚したのはこの頃だ。相手は飯舘《いいだて》村の出身で、当時は私の下宿の近くの床屋に勤めて、寮に住んでいた女性だったが、両方で一目惚れし、半年ぐらいつきあって結婚した。式は福島の料亭でささやかに挙げた。新婚旅行は私が運転してのドライブだった。東名高速道路で名古屋を通って伊勢ぐらいまで行ったのだが、道中は喧嘩が絶えなかった。もしかすると、私は家庭内でも三言多かったのかもしれない。

昭和四十六年（一九七一年）一月十一日、子どもが生まれた。女の子だ。私は奈美江と名づけた。日本人らしく「奈良」から一字、ちょっとかわいい子だったので「美しさ」も入れ、気持ちの大きな人間になってほしいという気持ちで「揚子江」の江を入れた。

妻は病院とは無縁で私の仕事には一貫して無関心だったが、子育てはしっかりしてくれた。かなり厳しく教育してくれた甲斐あって、どの子どももよく育ってくれた。

二

福島県立医科大学での勤務が半年ぐらい続いた後、私は山形市立病院済生館に出張した。外科だけで年間に手術が一六〇〇例ぐらいある大きな病院だ。普通の大学では二〇〇例ぐらいだと言えば、その規模がうかがい知れるだろう。

そういう臨床実習のような出張は、「トランク」と呼ばれていた。トランク一つ持って長旅に出るからだ。いつ戻されるかわからず、場合によっては、そのまま何十年と居続ける人もいる。手術などは一年に一回あるかないかの病院に行かされることもある。

そんなのは嫌だったので、私は自分から病院を選んで行った。通常は、自分で出張先を選ぶことなどできない。ほとんどは大学の関連病院を指定され、「お前、そこに明日から行けよ」と言われ、トランク一つ持って行くしかないのだ。普通なら一〇〇パーセントできないことができたのは、やはり人よりも三言多くて我を通す性格のせいだろう。

山形市立病院済生館では、たくさんの手術をこなした。

最初は先輩の手術を見ていたが、手先の器用な私には難しくないように思えた。それで「そんなの簡単じゃない、俺はすぐできるよ」と口を滑らせてしまった。ムッとした先輩が「やってみろ」と言う。「じゃあ、教えてよ」と頼んだが、へそを曲げた先輩からは「できるっつったから自分でやれ」と言われてしまった。

そうはいっても、いざとなったら教わりながらやることになる。私の減らず口も、先輩たちにはどこか愛嬌だったのかもしれない。私は手先がかなり器用だったので、手術はけっこう上手だった。

その頃の私が最も多く手掛けた手術は、胃潰瘍と十二指腸潰瘍だった。その次が癌だったが、ほとんどが進行癌だから手術をしても助からない。そういう例を、それはそれはたくさん見てきた。

私がアシスタントをした手術のなかで一番若かった患者は、十七歳の女の子だ。学校を卒業して名古屋の工場に就職したばかりだった。その頃は胃カメラなどないから、お腹を開けてみるまでは診断ができない。開けて胃癌だとわかり、ほどなく癌性腹膜炎で亡くなった。

お母さんの話によれば、その娘《こ》は防腐剤がたくさん入っていた当時のインスタントラーメンを、朝昼晩お湯もつがずにパリパリとそのまま食べていたそうだ。

死ぬのがわかっているのに、診断書を書く。その間、本人が苦しまないように強い麻薬を処方する。麻薬処方のためには「赤伝」と呼ばれる赤い伝票を書く。そして最後は死亡診断書を書く。一日に三十枚も五十枚もそんな書類を書いていた。

何十枚も死亡診断書を書いていると、自分も癌になったかのようにお腹が痛くなった。とにかく当時は、癌で死ぬ患者がとても多かったのだ。

山形では、二人目の子どもが生まれた。今度は男の子で、貞義と名づけた。「貞」は父方の祖父の貞治から、「義」は母方の祖父の義吉からもらった。

あいかわらず競馬もやっていたが、山形で覚えたのはゴルフだ。先輩たちが連れていってくれたのだが、病院が休みの日も私だけは当直があって、六〇人以上の患者を診なければならない。だから先輩たちとは違い、忙しい合間を縫ってやっていた。

初めてゴルフをやったとき、三言多い私は思わず先輩にこう言ってしまった。

「先生。そんな、ゴルフったって、止まってる球打つの、難しいわけねえじゃないの」

野球やテニスと違って、止まっている球を打つのに何の難しいことがあるだろうかと思ったのだ。スコアについても大見得を切った。

「一ヵ月ぐらいありゃ、俺だってワンラウンド一〇〇なんか切るよ」

先輩は怒って言った。

「そんじゃあ、ナベ、やってみろ」

「やったらば、何くれるんですか。そのパター、くれますか？」

「おう」

こんな調子で、あいかわらずの口八丁だった。ただし、実際に私は一ヵ月以内にハーフ五〇を切った。先輩は驚いただろう。そして、私には「天才バカボン」というあだ名がついた。

実を言うと、ひそかに練習していたのだ。朝早く起きて練習場に行って、ひとりでクラブを振っていた。いざやってみると、小さな球に当てるだけなのに空振りばかり。だから必死に練習したのだが、そうすると手の皮が赤く剥ける。手術の前にはタワシで手をこすらなくてはならないが、これが痛くてたまらない。だから、あまりしっかりとは洗わずに手袋をはめていた。

山形市立病院済生館に行って一年半ぐらいしたころ、研究をやらせるから帰ってこいという命令が大学から来た。昭和四十七年（一九七二年）、私は福島県立医科大学の第二外科に戻った。

昼間は診察とパチンコですごし、夜は解剖学教室に行って人間の脳を解剖する、という生活になった。断っておくが、人間の脳の解剖というのは、脳外科医として必ず通らなければならない課程というわけではない。

なにしろ人の脳だ。簡単に手に入るはずがない。だから第二外科の教授にお願いして、解剖学の教授に「渡邉に人間の脳の本物を教材としてやらせてくれ」と言ってもらった。

それで私は普通の診療などが終わった後の夜中に、暗い解剖室でひとりコツコツ解剖ができたのだ。といっても、入手できた脳は、半年間で二体ぐらいだったが。

脳を解剖したら、その細胞を顕微鏡で見る。細胞をスライスして顕微鏡に固定するのは技師だが、それを観察するのだ。その頃、福島県立医科大学で使っていた顕微鏡は、まだ電子顕微鏡ではなかった。

だが、そんな生活をしていくうちに、次第に危機感が募っていった。仕事が暇なのだ。今でこそ医者は多忙だし、大学病院にいる医者はきちんと研究をやって論文を書かなければ認められないが、当時はそこに「いる」だけで偉くなれた。田舎の病院に行っても「大学から先生が来た」というだけで、患者がついた。

だから大学から給料をもらえない立場の人間でも、大学に巣くっていたわけだ。大学に「いる」ことは楽だった。

私には、楽をしながら大学に居続ける先が見えてきた。「このままだとあの先輩みてえになっちゃうな。十年過ぎたときはA先生みたいに、二十年先はB先生みたいに、三十年後にはC先生みたいに……」という具合に自分の将来が見えたとき、思ったのだ。「嫌だ。ああいう先輩たちのようにはなりたくない。ここにいたらだめだ」と。

三

私は脳外科医としてやっていくために、秋田県立脳血管研究センターに行こうと決意した。秋田はその頃世界一脳卒中の多い場所で、その対策が期待されていた脳血管研究センターは昭和四十三年にできて間もなかった。

当時、近代脳神経外科を大学以外で進めた病院は日本に三つあった。大阪の北野病院、群馬の美原記念病院、そして秋田にある脳血管研究センターだ。

北野病院には前述した菊池晴彦先生が、美原記念病院には水上宏先生が、秋田県立脳血管研究センターには菊池晴彦先生の友人でもある伊藤善太郎先生がいた。

この三人が、大学がまだいっさいやっていなかった脳出血やくも膜下出血、脳卒中の顕微鏡手術（マイクロサージャリー）をやって、近代脳神経外科を確立させたのだ。

私が秋田に行こうと決意したのは、菊池晴彦先生が導入した顕微鏡手術が普及しつつある頃だった。脳血管研究センターにいる伊藤先生は、秋田大学で私の師匠となる古和田正《こわだまさ》悦《よし》先生の後任だった。

秋田県立脳血管研究センターは脳科学において世界でも有数の梁山泊だったから、日本国内はもちろん、スウェーデン、ノルウェー、カナダ、アメリカ合衆国、ブラジル、イタリア、フランスなど、多様な国から人が集まって来ていた。

脳外科・神経科学のメッカとしてはカナダのモントリオールが知られていたが、秋田市は「東洋のモントリオール」と言われるほどだった。私はそこで伊藤善太郎先生からいろいろ教わり、海外の知人もできることになる。

日本の近代脳神経外科の幕開けという願ってもないタイミングで、私は秋田に行くことができた。そのおかげで、私は顕微鏡のない時代も、顕微鏡が始まった時代も、顕微鏡が真っ盛りの時代も経験したことになる。

一万例近くも脳を手術してきたが、以前なら助からなかった人たちを自分の手で助けることができたと思うと、感慨深い。

秋田県立脳血管研究センターに行ったといっても、正式に所属したのは秋田大学である。私は秋田大学医学部脳神経外科の文部教官助手となった。

秋田大学は、もともとあった秋田県立中央病院を秋田大学の附属病院とし、同じ敷地内で病院のすぐ隣りに脳血管研究センターをつくっていた。センターができたときからいた古和田正悦先生が脳外科の部長として秋田大学に移ったときに、私は秋田大学に入った。だから、直接の上司は古和田先生ということになる。

実は秋田大学へ行くときに、私は福島県立医科大学を「破門」になっていた。つまり、出入り禁止だ。福島県立医科大学第二外科の医局で破門になったのは、後にも先にも渡邉一夫ただひとりだろう。

私は看護師からも、医局員からも、医者仲間からも、患者からも人気があったので、福島を去るときには惜しまれた。送別会もしてもらった。だが、「教授は天皇」だという時代だ。他の教授のもとに行くなどというのは天皇に楯突くことだったから、紹介状は書いてもらえたものの、医局長は私を破門にした。

直接の上司だった遠藤辰一郎教授は私のことをかわいがってくれていたし、その息子の俊郎先生とはもともと同学年で仲がよかった。俊郎先生は私と同じ脳外科医を目指しており、東北大学で脳外科医になっていた。けれども遠藤先生は、私のことは手元に置いておきたかったようだ。先生は、こう言った。

「福島県立医科大学の医者は、頭を開けて急性硬膜外血腫ぐらいの簡単な手術さえできればいいんだ」

それを聞いて私は愕然とし、同時に失望もした。息子には高みを目指させるのに、私にはさせないというのか。

「先生、それはないでしょう」

と食ってかかった。この先生のもとにいては、目指す高みには行けない。そう判断して秋田に行くことにした私を、先生は許せなかったのだろう。

秋田に行く前に、私にとっては高価なソテツを手土産に、妻や子ども連れて先生の自宅へお別れの挨拶に行った。「大変お世話になりました」と言いたかったのだ。だが、玄関に出てきた先生は「来る必要ない」と言っただけで、家に上げてもくれなかった。

さみしかったが、ソテツだけを置いて帰るしかない。それでも遠藤先生を恨みはしなかった。まじめで、とても優秀な教授でもあった。

秋田大学医学部脳外科の創生期だったから、私もあそこを創ったひとりだと言っていいだろう。まだ研究室ができ上がらないときから、校舎の一部に自分で実験室を開いて、そこで寝泊まりしていた。

秋田大学は海に近い。浜辺にはハタハタが卵を産みに来ていた。ハタハタも獲れたが、ハタハタの卵もたくさん陸に揚げられていた。

だが、なにしろ日本海だ。その寒さは福島の比ではない。雪は早くからたくさん降るし、吹雪は下からブワーッと迫ってくる。降雪と同時に雷が鳴る現象には驚いた。

とにかく寒いから、室内でもオーバーを着てマスクをしていた。ただし、それは外が寒かったからだけではない。実験室では冬でもクーラーをつけていた。電子顕微鏡で検体を見るための切片《せっぺん》は、寒い所でないとつくれないからだ。自分でガラスのナイフをつくり、六～八ミクロンの薄さの切片をつくる。それを顕微鏡で見ると、細胞の核が二五万倍や三〇万倍にも見えた。

逆に、夏は暑かった。試験管の束を抱えて臨床研究棟の廊下を歩いていると、ランニングシャツを着ているだけなのに汗だくになっていた。

附属病院ではひとりで二〇～三〇人の患者さんを診た。午前は診察、午後から手術、夜は研究という生活が続いた。

秋田大学に、脳外科医は私を含めて四人しかいなかった。その四人で秋田県中の大病院を回って、脳外科で扱うべき患者を探した。雄勝中央病院、平鹿総合病院、大館市立病院などの大病院にもまだ脳外科はなかったから、私たちのほうから出張するわけだ。

私が担当していたのは大館市立病院や湯沢の厚生連病院、平鹿総合病院などで、どれも六〇〇床以上の大きな病院ばかりだった。まだ二十六、二十七歳ぐらいだった私は、毎日のようにそれらの病院に出向く。すると、病院が入院患者を紹介してくれる。そこで検査をして、手術に適応する患者さんであれば救急車で秋田大学に運ぶ。私も大学に戻れば、すぐに手術をした。

普通の大学では、予定外の手術というのはなかなかできないものだ。手術室を使ったり、麻酔科医や看護師を頼んだりする必要があって、いろいろな手続きが必要だからだ。だが秋田大学では、私が頼むとみんな聞いてくれた。

普通ならやってくれないような教授も、「あ、ナベちゃんか。うーん、大変だけど手伝うか」などと言ってくれた。教授の秘書も、私が頼むといろいろやってくれた。

福島では少し人の脳を解剖したが、秋田では多量の犬の脳で実験をした。

解剖する犬は、自分で調達する。遠い保健所までトラックを運転していき、もらってくるのだ。私の実験助手は運転ができなかったので、「犬を逃げないようにせんか」と指示して、私が荷台付きの車を運転した。一回に一〇匹ぐらいもらってきて、他の研究者に二匹ぐらい分けてやったこともある。

解剖した犬は、一〇〇頭ぐらいになるだろう。解剖の番がくるまでは、連れてきた犬の世話もしなければならない。自分のご飯を分けてでも食わせなければならないし、寒い季節には毛布でくるんだり、弱った犬には点滴したりした。

犬の脳といっても、人間とは発達している部位が違うだけで、脳みその仕組みやくも膜下出血のメカニズムは変わらない。犬を抱いて麻酔の注射を打ち、血液を採る。その血液を今度は脳の中に入れて、人為的にくも膜下出血を起こさせる。

そして、死なないように注意しながら、生かしておくのだ。ある犬は二週間、ある犬は三週間、ある犬は一ヵ月、最後は三ヵ月生かしておいて、結果を見た。

期日が来たら、麻酔をかけて、頭を取り、脳を開く。その前に、心臓が動いているうちにペルオキシダーゼとホルマリン固定剤を流し入れて血液を固める。くも膜下出血を起こすと、フィルターのようになっている脳の膜が目詰まりして髄液を吸収できなくなるので、その現象を見るために組織を取って切片にして、顕微鏡で観察するわけだ。

ペルオキシダーゼは一つで二万円もする。私の月給が二万円か三万円だったから、高価な薬だ。一つでも失敗するとそれが無駄になってしまうから、その実験にかかると二日ぐらいは寝られないことになる。


そんなふうに、秋田での暮らしは大病院から転院させた手術患者さんを診たり、研究をしたりすることが中心だった。

朝食は大学の売店で買ったおにぎり二つですませる。昼食はとらない。だから夜十時頃になるとお腹が減る。そこで大学を出て、川反《かわばた》という所に出ていく。赤提灯のような飲み屋が三〇〇〇店ぐらい軒を連ねる繁華街だ。行きつけの店が一〇軒ぐらいあり、たいていの所で私は「顔」になっていた。

毎日、飲み屋やらキャバレーやらを最低五軒は回った。帰宅するのは午前二時か三時頃。それからまた勉強したり論文を執筆したりする。眠る時間は、ほんの少しだ。

夜、みんなに付き合ってどんなに深酒をしても、次の朝には論文を書き上げた。それを朝、教授の状差しに置いておく。するとその日のうちに添削されてくるので、また朝までそれと格闘した。

研究テーマは「脳血管障害の治療と病態の研究」「脳血管攣縮の臨床的研究と治療」「頭蓋底手術の開発」などだ。一週間に一本のペースで論文を書いていたから、家に帰る暇などなかった。

忙しいなかでも、病院の人間関係はちゃんとつくっていた。特に各科教授の秘書やスタッフ、看護師などの面倒はよくみていた。だからこそ、いざという時には手伝ってもらえたのだ。

そうやって仕事をたくさんこなし、論文を書きまくり、一年に数回は大学で教鞭も執り、他の医者の数倍はがんばった。東北大学のような昔の帝国大学以外は認められなかった時代だ。正直なところ、福島県立医科大学は医大としては低く見られていた。といっても、それについて「ちきしょう」と思っていたわけではない。「まあそんなもんか」と受け止めていたような気がする。それでも私は、人の三倍から五倍の実績を上げて、手術の腕も上げた。

気張っていたという意識はない。それが私のマイペースだったのだ。モタモタもウジウジも嫌いな性分だから、自然に頑張ってしまっただけのことだ。

負けず嫌いは、麻雀をやるときも同じだった。だから、麻雀でも負けなかった。

余談だが、私は麻雀をしていて相手の目玉を見ていると、麻雀の裏が映って何の牌を待っているのかがわかる。同じように、人の目を見ていると、その人の病気がほぼわかった。実を言えば、嘘をついているかどうかも、かなりわかる。

四

昭和五十二年（一九七七年）、私は合格率が五〇～六〇パーセントの試験に受かって、「日本脳神経外科学会専門医」になった。脳外科の専門医として正式に認められる資格だ。この試験に落ちれば、教授への道は閉ざされる。福島県立医科大学の卒業生で、その試験にパスした人間はそれまでいなかった。

私は人ともうまくやったし、成果も上げた。そこで勉強すべきことはすべて勉強した。では、この先はどうなるのだろう。

大学の脳外科という所では、教授にまでならなければ、自分の治療方針どおりの手術はできない。自分のやり方で患者を治療したいと思ったら、教授、それも主任教授になるしかない。だが、たとえ実力があったとしても、誰しもが必ず教授になれるわけではない。当時、日本には脳外科を扱う医大は五十足らずしかなかった。つまり、教授も五十人以下しかいない。その中の誰かが辞めて空席ができない限り、教授にはなれない。

病院にとどまっていたからといって、一〇〇パーセント教授になれるという保証はない。教授という立場でなく、自分の目指す脳外科手術を実現するにはどうすればいいのか。例えば、秋田脳血管センターのような大きな医療機関のトップになる手もあった。だが、それでも限界はある。私が望む最新の医療機器はたいへん高価だったから、購入が認められない可能性があったのだ。

私にはもう一つの選択肢があった。独立、つまり開業だ。自分が病院のトップになれば、予算は自分で立てられる。CTやMRI、血管撮影や脳血流装置など、億単位の医療機器も自分の裁量で購入できる。

私は手術顕微鏡を使った手術（マイクロサージャリー）をやりたかった。秋田県立脳血管研究センターではすでにマイクロサージャリーが行なわれていたが、秋田大学ではまだ導入されてなかった。大学の教授は昔の人だから、「顕微鏡なんてめんどくせえ、邪魔だ」という感覚だったのだ。

だが、肉眼での手術では、細い血管を傷つけてしまったり、必要以上に脳を切り取ってしまったりということも起きる。そのため、ベテランの勘のようなものが手術の結果を左右していた。

顕微鏡を使えば、二〇倍から三〇倍に拡大されて赤血球まで見えるため、〇・一ミリ以上の血管の手術が可能になる。経験と勘に頼らなくても、精度の高い手術が可能になるのだ。もちろんマイクロサージャリーにもテクニックは要求され、誰にでもできるというものではない。

なかなか普及しなかった理由には、そういう事情もあるだろう。だが、腕のいい医者にとっては、より精度の高い手術ができることは確かだ。それによって救える患者さんも格段に増えるのだ。

脳外科の手術を渡邊流にやるには、教授になるか、独立して開業するか、どちらかしかなかった。三十代半ばになっていた私は、すでに何百もの論文を書き、学会発表もやり、難しい手術もこなすようになっていたので、ちょっと生意気にもなっていた。自分の人生を、右に行くのか左に行くのか、決める時だと思った。

そこで私は古和田先生に相談してみた。

「そうだな、渡邉君。俺が若かったらな、開業してたな」

「どうしてですか？」

「教授なんて安月給で、機械も買ってもらえなくて、遊びにも行けなくて。アルバイトもあんまりできなくて……昔と違うんだ」

たしかに国立大学の給料は安い。実際、山形の市立病院済生館に出張していたときには月に十万円以上もらっていたのが、秋田大学に来てからは、また四万円ぐらいに減っていた。ちなみに、部屋代は二万円だ。

ひと頃の教授には、もっと権威があった。大学病院の教授というだけで、尊敬のされ方が違った。複数の所から給料がもらえたし、その他にもいろいろな機会に「土産」が入ったのだ。

どの教授にも「鞄持ち」と呼ばれた弟子がいて、教授がよその病院に診察に行くときに、鞄を持ってついて行く。鞄の中には、もちろん聴診器などの診察道具が入っているわけだが、帰ってくるときはその中に札束が入る、と言われた。

一回の手術で一〇〇万円ぐらいだろうか。今なら一〇〇〇万円クラスだろう。だからこそ、皆が教授になりたかったのだ。

ところが、次第に医大の教授もサラリーマン化していった。患者さんから特別な謝礼を受け取ることは禁じられた。実入りは少ないのに、税金は取られる。ちまちまと税金の計算までしながら、専門的な研究などできない。だから、先生は「俺だったらば開業だな」と言ったのだ。

そんなふうに収入が少ない中で、妻はよくやりくりをして子育てをしていた。

ただ、私があまりにも家に帰らなかったので、不審に思っていたかもしれない。たまたま隣りに外科の医者が住んでいたが、彼は夕方五時半になると一度帰ってきて、みんなと一緒に夕飯を食べ、夜八時頃また病院に行くという生活をしていた。

同じ医者なのに、自分の夫は夕飯に帰ってこないのだから、私が「忙しい」と言うのを妻は疑っていたかもしれない。

私はその先生のように家庭的な夫だったり父親だったりはしなかったようだ。私も忙しいなりに努力して、妻子を北海道や遊園地にも連れていったのだが、大きくなって聞いてみると子どもたちはまったく覚えていない。やはり、あまり家庭的な人間ではないのだろう。

なお、秋田では次男が生まれた。三人目だ。知識豊富な子どもになるように、文博と名づけた。

手術や論文で忙しかったのも事実だが、秘書や看護師たちと一緒に飲みに行ったり歌いに行ったりすることもよくあった。そういう面倒見の良さが、結果として事業としての成功にもつながったと思っている。もしもマイホームパパになっていたら、金を貸してくれる人もいなかっただろう。

実は、一度留学することも考えていた。フロリダ大学だ。古和田先生からは「してもいい」と許可も得ていた。だが、同時に「年俸は一万ドルくらいしかくれないが」とも言われた。当時の一ドルは二二〇円ぐらいだった。もともとが安月給だったし、置いていく家族に仕送りできる余裕はなさそうだ。家族を犠牲にしてまで行く意義が留学にあるのかと考えて、その道は断念した。

秋田大学に残っても、教授になれる保証はない。教授になれないままに五十歳ぐらいになった場合、もはや潰しも効かないだろう。仮にそれから開業しようとしても、年が年だけに誰もお金は貸してくれないに違いない。

「俺だったら開業したけどな」と言った古和田教授よりも、一回り私は若かった。つまり教授の時代よりもさらに事情は悪く、客観的に見れば、開業にいい時期とは言いかねた。

だが、私は開業する時期だと思った。脳外科の時代が来ていた。交通事故で脳の手術が急増しているなかで、マイクロサージャリーができるようになり、脳卒中の外科手術が行なわれるようになっていた。

日本経済が世界ナンバーワンに届こうとしている今、もしも自分に手術用顕微鏡さえあれば、私も世界でナンバーワンにもなれる、と思った。

五

秋田大学に行ってから約十年後の昭和五十三年(一九七八年)、私は秋田大学を辞めて、脳血管研究センターに移った。開業に備える一歩のつもりだった。

といっても、私はそれ以前から大学とセンターを行ったり来たりしていた。つまり、指導教授は大学の古和田正悦先生だったが、センターの伊藤善太郎先生にもずいぶん薫陶を受けていたのだ。

隣接する施設同士だからといって、仲がいいとは限らない。ざっくばらんに書けば、伊藤先生と古和田先生の仲は悪かったのだ。だから、同じ脳外科であっても、それぞれのスタッフは上司に気兼ねをして、もう一方には立ち入らない。

どちらにも自由に出入りしていたのは私ぐらいだった。つまり、私だけは両方の先生にかわいがられていたわけだ。


昭和五十五年（一九八〇年）、私は秋田県立脳血管研究センターから高知市の長尾病院に、脳神経外科部長として出向した。単身赴任だ。

長尾病院というのは、かつて伊藤善太郎先生と同僚だった長尾朋典《とものり》先生がやっていた長尾クリニックだった。そのクリニックを脳外科の病院にするための助っ人を、伊藤先生が長尾先生から頼まれたので、私が手伝いに行ったのだ。

長尾病院では朝から晩まで外来患者と入院患者を相手に、検査と手術の毎日だった。腹が減れば、帯屋町という歓楽街に行って酒を飲んだ。あいかわらず看護師と行くことが多かったが、高知の女の酒の強いことには驚いた。

高知では、後に関東脳神経外科病院理事長・院長となる清水庸夫先生と出会った。清水先生が勤務していたのは近森病院という別の病院だったが、長尾病院で行なわれた手術の手伝いに来てくれたことが縁で仲良くなった。

私が高知に滞在しているときに、秋田大学が博士号を授与する資格を得た。

秋田大学に医学部ができたのは昭和四十三年頃で、旧制大学（戦前にできた大学）の医学部の中では最後だ。私が秋田大学に行ったのが昭和四十八年で、大学院が博士号を発行する資格を得た頃だった。

そこで私も博士号を取るための試験を受けることになった。学生運動で博士号ボイコットをしていたぐらいだから、博士号を取ることには抵抗があったが、取得するように勧めてくれた古和田先生は電話口でこう言った。

「紙一枚だし、重くないんだから、もらっとけ。外国語の試験の資料も送っておいた。もう手続きしてんだから取りに来い」

せっかく恩師が言ってくれているのだからと、私は試験を受けることにした。試験は英語とドイツ語で出題される。古和田先生はドイツ語について「こういう問題が出るから」とアンチョコを渡してくれた。アンチョコといっても半端な量ではない。私は高知大学のドイツ語の先生に「悪いけど、これ、ちょっと金出すから訳してくれ」と言って翻訳を頼んだ。

そして、秋田に帰る飛行機の中でそれを読んだのだが、その翻訳された日本語の意味がわからない。しかたがないから、自分で辞書を片手に訳した。まあ大学時代はドイツ語で勉強したわけだから、最初から自分でやればよかったのだ。

そして、いわゆる論文博士と呼ばれる乙種の学位を取得した。秋田大学医学部で博士号を取った第三号だ。第一号、二号の時に間に合わなかった秋田魁《さきがけ》新報などが取材に来て、私は新聞に載ったりテレビに出たりした。ちなみに第一号は今、有明にあるがん研有明病院の副院長をやっている山口俊男先生である。

もしも、長尾病院がとても充実していれば、私は個人で開業せずにそのまま残ったかもしれない。開業というリスクを冒さなくても、大きな病院で手術や治療に必要な機械を買ってもらえるなら、そこで頑張ろうという思いはあった。

だが、長尾病院もまた、私の希望する医療の現実にはまだ遠かった。ここではない。ここで人生をそのまま送っては、二度と取り返しがつかないと思った。

秋田でもっと大きくて公的な病院が脳外科を開くという話があったので、そこも考えた。だが、やはりそこにも限界があった。

高知で一年余り過ごした後、やはり自分で開業するしかないなという決意を固めて、再び秋田大学に戻った。秋田で仕事を続けながら、開院の足固めをしよう。自分の病院をつくって、自分の理想を実現しよう。

そう決意はしたものの、それを実現するための道筋が見えているわけではなかった。もちろんお金もなかった。だが、なぜか「なんとかなるだろう」と思えた。それは、生来の楽天性に加えて、それまでの努力で積み上げてきた実績への自信だったかもしれない。

経験と実績は「力」になる。そして私の内側には、医学生時代からの理想である「すべては患者さんのために」という「正義」があった。

「正義と力」というのは、十五世紀の政治思想家マキャベリが「君主論」の中で国の統治に必要だと説いたエレメントである。「正義」の中には公共性・社会性という意味合いが含まれており、「力」には根拠、支持、実績、アイディアなどが含まれるだろう。これは医療にもあてはまる。だからこの二つの概念は、私にとってとても大切なのだ。

高知から戻ってくるとき、筍の缶詰を手土産に福島県立医科大学の遠藤先生を訪ねた。福島を去ってから五年ぐらいで日本脳神経外科学会専門医になることができたので、「いやいや先生。たいへん教授不孝をしたけど、念願の専門医にまでなりました」と報告したかったのだ。

筍の缶詰は手が切れそうなぐらいに重かったが、先生はやはり私を家へ上げてはくれなかった。

秋田大学ではあいかわらず忙しかった。週のうち五日ぐらいは、大学へ行く前に秋田県内の病院に行って、手術や検査をする。まるで病院行脚だ。大学病院の患者さんも診て、手術もやって、そして真夜中に研究もやった。

昭和五十六年（一九八一年）、私は秋田の湯沢にある厚生連雄勝《おがち》中央病院という五〇〇床ぐらいの病院の脳神経外科部長になった。

雄勝中央病院で働きながら、私は開業の準備を進めた。まだ脳神経外科という診療科はたいへん珍しかったが、その単科の病院を私は開く。目指すは、世界一の脳外科医だった。

六

脳外科は、開業しようとすればかなりお金がかかる診療科だ。だから、内科や整形外科などの科と違って、開業する人は少なかった。

例えば、脳出血や脳梗塞などで倒れた患者さんは、すぐに手術を受けられるわけではない。病院に来てもらい、まずは検査を受ける。手術までには最低でも二時間、下手すれば四時間ぐらいのタイムラグがある。手術までのその時間、自力で血液を全身に送れない患者さんは、酸素が充満している大きな機械の中に入れられる。そこにいれば、圧力で肌から酸素を体内に浸透させることができるからだ。

もちろん高価な機械だが、時間との闘いである脳の手術において、その時間をお金で買えるわけだ。手術以前の段階でも、まずそういう機械が必要になる。

さらに、手術を成功させたとしても、本当に血流が戻ったかどうかは、機械を使って検査をしなければわからない。その機械も何億円もする代物だ。

いくら腕に覚えがあっても、そういった機械がなければ、脳外科としては十分ではないのである。

だが、なにしろ私はお金を借りる名人だ。こちらが頭を下げて「貸してくれ」と言うよりも、相手に「貸したい」という気を起こさせる。こう言うのだ。

「俺に貸さなけりゃ損するぞ。必ず後悔するぞ」

生来の楽天家だから、「金がないからできない」とは思わない。お金の工面を誰かに相談したこともない。病院のための土地を借りるときも、私は地主にこう言った。

「金はある」

「どこさあんだ。どれ、見せてみろ」

「いや、銀行にありますよ」

「どこです、預金通帳は」

「いや、通帳はないけど、金は銀行にある」

そう。他人の金だ。

本来、お金というのは有意義に使われなくては意味がない。自分がお金を持っているか持っていないかは大した問題ではない。お金は世の中にたくさん出回っているのだから、自分で持っていようとなかろうと、世の中にあるお金を使えばいい。自分で持っていなければ、持っている人のお金を使うだけのことだ。お金を動かす前に、持っている人の心を動かせばいい。

「俺にかけてみろ」というつもりで、こんな言い方もした。

「一〇億円ぐらい、あっという間に返してやるから」

「私を買いなさい」

「私は、いくらでも生み出せる人間なんだ」

「私を見抜けないような人は損するよ」

もう口八丁もいいところだ。

「私に金を貸さないとあなたは必ず後悔しますよ」と言うと、銀行も動いた。もちろん一回で動くわけではないから、何度も言うのだ。すると、銀行も調べようという気になってくる。私が知らないうちに、いろいろ調べたようだ。

本当に手術の腕がいいのか？　はたして信用のできる男か？　など、銀行の支店長が秋田まで来て、医者や看護師に私のことを聞いて回ったそうだ。その結果、富士銀行が貸してくれると言った。ただし後日、横やりが入って体よく断られてしまったのだが。

結局、北日本銀行が「先生、わかりました」と言ってくれた。支店長が雄勝中央病院までやってきて、こう言ったのだ。

「先生。俺、惚れた。金つくるからやってください」

借りた資金は約八億円。借入にあたっては、高橋光男という建築家の家屋敷と会社をすべて担保に入れた。高橋は私の病院を建築した光建工業という会社の社長だ。建築費は安くなかったが、しっかりした建物を造ってくれた。安積高校の先輩にもあたるが、東北大学工学部を卒業しており、福島県では知名度の高い人徳者だ。

あれから数十年。事業を拡張するたびに、同じようなことの繰り返しだった。そして、私はきちんと返済してきた。学生時代から人にお金を借りることは日常的だったが、返すという約束をたがえたことは一度もない。

同じように、病院を経営するようになってから、一日でも遅れて返したことはない。そして、お金に困ったことがない。困りそうになると、銀行が貸してくれたり書類を書き換えたりしてくれる。いつのまにか銀行とも信頼関係が築かれていった。

今は、すべての都市銀行が取り引きにくる。「先生、金いらなくてもいいから、十億までだったら、いつなんぼでも使ってもいいですから。その代わり金利はうんと安くするよ」とさえ言ってくる。

とはいえ、景気が悪くなれば手のひらを返すのが銀行だから、ちゃんと現金を持てるようにしないといけない。いくら向こうから貸してやると言われても、目的がはっきりしないものは借りられない。

逆説的な話だが、銀行というのは、金のない人には金を貸さない。金のある人に貸したいのが本音なのだ。

資金は確保した。問題は、開業する場所だ。人口が三〇万人以上であることが大前提で、私の脳裏にあった候補地は、高知、長崎の佐世保、長野、秋田、そして福島だった。すべて脳卒中が多い地域である。

最終的に福島を選んだのは、第一には脳卒中が多かったこと、脳外科医が少なかったことのほか、高校から大学まで奨学金でお世話になったという気持ちがあったからだ。私は高校のときも、福島県から奨学金を受け取っていた。大学のときは特別奨学生だった。それらの奨学金は、すべて母が自分の年金の中から毎月数千円ずつ、何年間もかかって返済してくれていた。私の安月給を知っていたからかどうかは知らないが、そのことを母はいっさい言わなかった。

私は奨学金の返済のことなどすっかり忘れていた。母が「やっと払い終わったんだよ」と私に伝えたのは、私が開業する頃だ。「ああ、そういうこともあったんだ」と、ただただ、じんと胸に沁みた。

福島は郡山に決めた。手術の設備をそろえるには、何千坪というスペースも欲しかったが、最初からは無理だ。

前述したように、脳外科は何かにつけて投資額がかさむ。当初の設備はCT（コンピューター断層撮影）スキャンしかなかったが、その装置だけで三億円もした。今なら二〇〇〇万円か三〇〇〇万円で買えるだろうが、当時はもっと高額だった。そういう設備と建物だけで二〇億円かかった。

これを返すためには、どれぐらいのベッド数が必要かと計算し、そのベッド数なら医者や看護師が何人ぐらい必要かと計算しなければならなかったが、計算ができたところで、当時は医者も看護師も放射線技師もいなかった。

そのとき、手持ちのお金は三〇万円だった。そのお金で一坪一五万円の墓地を二区画買った。最後に入る場所の準備さえしておけば、あとは心おきなくやれる。墓を買って手持ちのお金はまったくなくなったが、「なんとかなるわ」と思っていた。

病院を建てるために、秋田で勤務しつつ、スタッフを集めるなどの開院準備を進めた。雄勝郡の湯沢から郡山まで通うわけだが、まだ新幹線は通っていない。座席が木でできている八甲田という列車の車中で寝て、朝七時頃に着いてから銀行を説得して回った。一日中かけずり回り、最終列車で秋田に帰った。

郡山は病院の多い土地だった。病院銀座と呼ばれるほどで、人口ひとり当たりの病院数では世界一かもしれなかった。ベッドが郡山だけで一〇〇〇床も余っていた。しかも、歴史のある病院が多い。

そういう所に参入しようとしていたわけだから、新しい病院の開設を疎ましく思う「ジェラシー勢力」が現れた。大学も銀行も、経済界も役人も、保健所も県庁も、医者もみなジェラシー勢力だった。そして、金を貸さない、薬を売らない、機械を売らない、医者も看護師も出さない、という手で攻めてきた。兵糧攻めだ。

一度は融資を決めた富士銀行が手のひらを返したのも、このジェラシー勢力による横やりのせいだった。

薬の卸売業者は、昔からの取り引きがある病院からこう言われる。「あそこに薬売るんだったら、あんたのとこは取り引きやめるから」。そうすると、うちとは取り引きをしない。しかたがないので、薬は郡山では買わず、東京、仙台、秋田から買った。

医者も、秋田大学から出してもらった。福島県立医科大学は私を破門にしていたから、一人も出してはくれない。

特に不足したのは看護師だ。看護師を集めるために、私は自分で運転して東北中の看護学校を一軒一軒しらみつぶしに回った。三〇軒ぐらいは回っただろうか。それでも確保は大変だった。

開業する前には、福島県にある医院を二〇〇軒ぐらい直接訪ねて挨拶した。ほとんどの院長先生は、受付の小さな窓口に名刺を差し出した私に「(名刺は)そこに置いといて」とか「はいはい」と声をかけるだけだった。待合室まで出てきてもくれなかった。

遠藤辰一郎教授にも、これが最後だと思って教授室を訪ねた。「十二月一日が開院式だから、先生、出席してスピーチしてくれませんか」と頼んだのだ。だが、けんもほろろに断られてしまった。

今度こそお許しが出るかもしれないなどと、期待してはいけなかったのだ。だが、自分の母校からも恩師からも祝福されないというのは、やはり悲しかった。

その教授室の隣りに、第一外科の教授で本多憲児という先生がいた。本多先生の長男は私の同級生で、心臓外科医になっていた。本多先生には学生時代に大して世話になってい たわけではない。だが、ちょうど隣りに部屋があったので、訪ねてみた。

「実は、隣の遠藤教授は私のお師匠さんで、私、十二月一日から脳外科の専門病院を開業することになってるんです。それで『挨拶お願いします』と言ったんだけど、断られたんです」と私は説明した。そして「申し訳ないんですが、先生、何とかならないですか」と頼んでみた。

本多先生は大物だった。大きな体躯にツルツルの禿頭で、まるで海坊主のような様相をしていたが、「おう、渡邉君。そうか、それはかわいそうだな。よし。どれどれ。それではその日は空けるから。俺でよかったら挨拶してやるぞ」と言ってくれた。

それがきっかけで、それからずっと本多先生とも、その息子とも、縁が続いている。後に、息子の病院が倒産したときは、私が面倒を見た。本多先生が九十四歳で他界したときは、私が葬式を出した。

ちなみに本多先生は、ガーナと日本を結びつけた人物でもある。アフリカのガーナは野口英世が黄熱病の研究をして、骨を埋めた国だ。だから先生は外務省やＪＩＣＡ（国際協力機構）に働きかけて、ガーナ大学に野口記念館をつくった。そして、福島県立医科大学の第一外科からそこに頻繁に医者を派遣したりしていたのだ。

開院の半年ぐらい前から、私はいろいろな所で講演活動をするようになっていた。消防署の救急隊や警察、学校の先生や一般市民向けが多かったが、東北の医師会など、医者を相手の講演もやった。頼まれたのではない。自発的に伝手《つて》をたどり、講演会を開かせてもらったのだ。

内容は脳卒中の講座である。「脳卒中は治る。その代わり、早く運んでくれ。発見したらすぐ脳外科へ」と説いて回った。当時、東北地方は脳卒中による死亡が国内第一位だったにもかかわらず、脳卒中への理解がまるで足りなかった。脳外科手術が必要な救急患者を、医療機関でたらい回しするような事態がたびたび起こっていた。

そのため、死に至らない場合であっても、麻痺が残ってしまうことが少なくなかった。だから、脳卒中とはどういう病気で、どういう状況で起こり、どんな症状のときに来てもらうかということを、医者や救急隊の人たちに説く必要を感じていたのだ。

発病したときの対処法だけではない。予防についても語った。脳卒中の予防に、高血圧は大敵だ。高血圧を防ぐには、食事からの塩分をいかにして下げるかが課題になる。あの頃の東北地方では、一日に二〇〜三〇グラムの塩分が普通に摂取されていた。今は病院でも一〇グラムまでと指導しているが、当時は予防法を説くような病院はなかった。

予防法を啓蒙するために、若妻会という組織でも講演をした。三十代ぐらいの主婦が、夜の八時過ぎに集まって来る。私は幻灯器やスクリーンを積んだ車を自分で運転して公民館などに向かう。スライドを見せながら、二十人か三十人を前に、どんな食品にどれだけの塩分が入っているか、どのぐらいまで減らしたらいいかを、台所を預かる主婦に徹底的に教えた。

医学の知識だからといって、医療機関だけが知識を独占すべきではない。手遅れにならないためには、一般の人にも情報を与えることが必要だ。そのためには、病院の中から外に行って行動しなければならない。

患者が来れば、病院は儲かる。だが、医療機関は収入のことばかり考えるべきではない。「すべては患者さんのために」という理念の中には、患者をつくらないということも含まれているのではないだろうか。また、そういう姿勢が、ひいては患者さんの信頼を得ることにつながるのだ。

一般市民、救急従事者、医療機関の三者への啓蒙活動は、開院してからも続け、年間に七〇回ぐらい講座を催していた。

開業

建設現場を視察

一

昭和五十六年（一九八一年）十二月一日、私は郡山市に「南東北脳神経外科病院」を開院した。三十七歳のときだ。脳外科の単科病院としては、東北で二番目、福島県内では当時唯一の存在だ。

開院式の前日には、秋田から伊藤善太郎先生も応援に駆けつけてくれた。飯坂温泉で一緒に朝までドンチャン騒ぎをして、その日の朝を迎えた。

開院式は、当時郡山で一番大きかったビューホテルで行なった。医者一〇〇人ぐらいを含めて、全部で三〇〇人ぐらいの出席だった。政治家も片っ端から呼んだ。天野光晴先生や渡部恒三先生も来てくれた。

医局にいる頃から、私は人に出し物などをさせるのは得意だった。お金を集めるのも本当に上手だった。だから、開院式の段取りも上々だ。

芸者も四十人ぐらい呼んだが、郡山だけでは足らず、栃木や埼玉からも来た。といっても、普段から芸者遊びをしていたわけではない。ただ、仲の良かった久米川という芸者に言われたのだ。

「先生、ひと言だけ忠告があるから言いますよ。郡山の芸者を全員呼んで、そして味方につけな。何でも知ってんだから、あの人たちは。逆に、敵に回すと怖いよ」

私は「なるほどな」と思ってアドバイスに従った。

開院式に政治家まで呼んだのは、私の「パトロン」のひとりが、政治家たちのパトロンでもあったからだ。呉服屋をやっていた財産家のA氏が皆に声をかけてくれたのだ。

だがA氏は、私にとっていつも無理難題を次から次と押しつけてくる嫌なパトロンだった。最初は、母親をくも膜下出血で亡くしたから何とか人のためになりたいと言って、「あんただったら俺の土地も寄付すっペ」と近づいてきた。

まったくお金がなかった頃だから、「ああ、それはありがたい」と私も応じたのだが、どっこい土地は有料で貸すだけ、敷金もばっちり取られた。自分ではお金を出さず、他の人に「俺の保障すっから、いい人だ」と言って出させる守銭奴だった。

そんなふうだから、A氏とはしばらく付き合ううちにしょっちゅう喧嘩をするようになった。正月になると私を呼んで、成金趣味の純金の徳利に屠蘇をついでくれる。そのとき名刀正宗も見せてくれたものだが、喧嘩するようになってからは身の危険を感じてか、見せてくれなくなった。とはいえ、私の開業のビジョンに火をつけてくれたという意味では感謝すべき人かもしれない。

私にとっては理想の医療を実現するというビジョンでも、そこに金の匂いを嗅ぎつけるとやってくる変な輩というのはいるものだ。A氏だけではなく、その後も私の回りには時々変な奴が出没するようになった。

逆に、嬉しいこともあった。開業にあたって、中学の恩師だった安藤四加男先生もお祝いに来てくれたのだ。

実は、安藤先生とは秋田大学に勤めていた頃に、同級生の結婚式で一度再会していた。だが、そのとき私は何か小賢しい医者づらをして、先生の専門分野にまで小理屈を言ってしまい、先生を怒らせてしまったのだ。気まずく別れたまま、その後はずっと音信不通になり、開院式の招待状にも欠席の返事があっただけだった。

だが、私はきっと先生は祝福しに来てくれると思っていた。だから受付のスタッフにも、自分の恩師が訪ねてくるはずだからと言っておいた。

果たして安藤先生は来てくれた。応接室に通してコーヒーを出しながら、私は左の頬をなでて見せた。先生にはすぐにその意味がわかった。

「まだ痛みますか」

「はーい、私は掃き溜めのゴミですから、がんばります」

私はにこやかに答えた。


自分の病院を開くに当たって決めていたことは、「脳外科の救急患者は必ず一〇〇パーセント受け入れる」という基本方針だ。そして、"PRO VONO AEQUNOROSA"（ラテン語で「すべては患者さんのために」の意）という標語を掲げた。どのように採算をとるか、というような経営戦略はほとんどなく、ただ理念だけがあった。


医者は私のほかに新卒の男性が一人いただけ。開院の翌日から手術が入っていたが、新人医者にはまだ何もできないから、実質的には一人のようなものだ。

開院時に用意したベッド数は一二〇。ただし、まずは六〇床だけを使い、少しずつ増やしていった。看護師は一五人ぐらいいた。それが、六〇床というベッド数に対する適正な人数だった。事務系は、事務長も入れて一〇人ぐらいいた。つまり……医者だけが絶対的

開業

開院当初の病院全景

開院当初の職員全員集合

に不足していたのだ。

開院した日、救急車が次々にやって来た。外来患者は一五人来た。二日目は五人、三日目は四人。入院患者は、一ヵ月後には満床になっていた。どんどん退院してもらわないと、次の人が入院できない盛況ぶりだった。

私に反発して患者をよこさない病院も多かったが、それまでに私が講演活動をした大きな病院は、私が車を運転して行くと、「一夫ちゃん、一夫ちゃん」と呼び止めて患者を紹介してくれた。

開院したとたんに、忙しさに拍車がかかった。自分で救急車を運転して患者さんを迎えに行ったこともある。開院前からやっていた講演もこなしたし、国際学会での発表もやっていた。一週間に地球を二周りした計算になることは自慢していいかもしれない。回診も全部、最低でも週一回はやった。

一日にこなした手術の最高記録は十一人だ。手術中に救急患者が来たら、手術中の患者には麻酔をかけて待っていてもらう。麻酔をかけるのも最初は私しかいなかった。

講演の予定が入っているときに、手術が入ることもあった。講演の予定時刻がくると麻酔をかけ、頭を開けて、新人君に後のやり方を教える。「ちょっと人工呼吸器回してろ」と言い、頭を開けたところにガーゼを乗せて、「ちょっとお前、見てろ。二、三時間、講義してくるから」と言って講演に出かけた。帰ってきてから手術再開だ。そういうことは何十回もあった。

あるとき、総婦長をヘッドハンティングするために仙台まで出向いた。スカウトした相手が待っている仙台の料亭に向かうために、またもや手術は途中で休止だ。「行ってくるから、ちょっとやっとけ」と言い残して、郡山から新幹線に乗った。

新幹線だけで片道四十七分、つまり往復で二時間かかる。接待の一時間を加えた合計三時間、人工呼吸器を着けた患者を麻酔で寝かせておき、帰ってから手術を再開した。

だが、私の手術は速い。脳外科の手術は平均五、六時間はかかるものだが、私はだいたい二時間で終わらせる。長時間かける手術は、一年間に二回ぐらいだった。

私の手術が速い理由は、度胸があること、手先が器用なこと、そして、オリエンテーションがいいことだ。オリエンテーションとは方向感覚のこと。つまり、メスを入れるときの進入経路をつかむのがうまいということだ。

脳の中は外から見てもわからないので、どこから侵入すれば一番安全で最も速く処置できるかという判断にも、勘のようなものが必要になる。私は手も器用だったが、そういう勘も良かった。これがつまり「腕が良い」ということだ。

かつての大学病院では、手先が不器用でも、勉強ができて難しい論文が書ければ教授になれた。有名な旧帝国大学系の大学を卒業した人だけが信用されていたが、実際の手術の腕は今ひとつなので、患者にはいい迷惑だったはずだ。

けれども今は、手術の腕が評価される時代になった。だから、東京大学出でなくても実績をつくれる。私のような者にとってはいい時代になったわけだ。

開業と同時に、電子レセプトを導入した。コンピューターでレセプト（請求書）をつくったのは、福島県で初めてだった。

ところが、これが役所から指導を受けることになった。「電子請求はけしからん」「違反だ」「受け付けない」と言われてしまったのだ。理由を聞くと「ごまかせるから」だと言う。逆だろう。手書きのほうがごまかしはきくものだ。だから私は怒って反論した。

「鉛筆で書いた手書きのほうがなんぼでもごまかせる。これは機械なんだから、一回打ったらごまかすことできないんだよ。あんた方、何考えてんの」

当時はまだコンピューターが普及していなかったが、うちには患者さんが多かったし、脳外科で一人当たりの医療費が高額になるから、コンピューター化は必須だったのだ。そのうち電子カルテや電子レセプトが他の病院でも普及するようになり、県も市も何も言わなくなってきたが、私は時代よりも少し早かったのかもしれない。

工業高校の電子科を出ていたから、私には「電子制御」についての理解や憧れがあった。ただし、理解や憧れがあったからといって、必ずしもそれを実現できるとは限らない。たとえ病院の院長になったとしても、大学の教授になったとしても、だ。

お金を動かせ、人を動かせなければ、理想も実現することはできない。私は自分の理想を実現するために、少しずつ歩を進めていた。

南東北脳神経外科病院は、屋根が黄色で外壁は真っ白、国道四号線に隣接する松林の中に建てた。開院当初から患者さんは次々と訪れたが、なかには勘違いして来る人もいた。

緑の濃い松林の中、できたばかりの真っ白な建物のわきに、カラフルなネオンの付いた看板が立っていたために、ラブホテルと間違えてやってくるカップルもいた。ちなみに、その看板は六〇〇〇万円もかけた代物だ。デザイナーの提案で、今思えば詐欺にあったようなものだったが、「高えな」と言った頃には、もうできあがっていた。

「脳神経外科病院」という名前から、精神科の患者さんもやってきた。「頭が悪いんだ。手術で治んないべか」とか「いい薬ないだろうか」などと言い出す。

当時、ＣＴという機械はよそになかったから、「ＣＴ撮ってくれ」と言ってきかない。しかたがないから撮ってみて、「ああ、何もない。脳みそいっぱい入ってる」と伝えた。それでも「しかし、もの覚えが悪いんだけども」と食い下がってくる。だから私はこう言った。「使い方が悪いんだよ。つながってないんじゃない？　いっぱい入ってるよ」。すると患者は喜んで「ああ、よかった」と言う。あとは「前の病院に行くんだよ」「薬は前の病院からちゃんともらって飲むんだよ」と伝えるのだ。

患者さんのなかには、薬を出さないと納得してくれない人もいる。そういう人には、「いやいや。うちはそんなにいっぱい薬は出さない。切って治すとこだから」と言って納得してもらうしかない。

病院としては、患者さんの話を聞くだけでも初診料の八一〇円をもらうことになるが、そういう患者さんはしゃべっただけで八一〇円を取られることに納得がいかないようだ。なんとしても薬を出してほしいと言ってねばるから、私やスタッフがなんとか説得して帰すことになる。

「俺に診てもらうと、アメリカなら最低でも五、六万円は取られるんだから。ここだと八〇〇〇円なんだよ」

カラーネオンの看板制作に限らず、開院の折にはいろいろな人にだまされた。「本を出しませんか」と言ってきた人もいた。床に敷くヒグマの毛皮を売りに来た人もいた。

なによりも、ジェラシー勢力からの嫌がらせがあった。福島県立医科大学からは「医者は出さない」周囲からは「薬は売らない。機械は売らない。金は貸さない。看護師は供給させない」と兵糧攻めにされていたが、そればかりか患者が来ないようにもされたのだ。

開院初日から、待合室に黒い服でサングラスをかけた男たちの一群がやってきた。普通の患者さんににらみをきかせる感じで、威圧感を与えている。一目で、その筋の人間だとわかった。

私はその男たちを診察室に呼んで、「用件はなんだ?」と聞いた。すると、いきなり匕首《あいくち》で私の机をどんと刺す。だが私は驚かなかった。「なんだこれは? ふざけるな!」と言って、スタッフに「写真撮っとけ、写真」と命じた。脅しの証拠写真だ。そして、メスを手に取り、切る真似をしながらこう言った。

「俺も刃物持ってんだ。俺はちゃんとお上から許可をもらってスッとできんだからな。どうなるかわかんだろう」

刃物対刃物だ。

ただし、私は講演活動などを通じて警察や救急隊の人たちとも仲がよかったから、そういう男たちは一ヵ月もすると来なくなった。

もっとも、本当の患者としてヤクザが来たこともある。旅先で倒れて運ばれて来た宮崎のヤクザだったが、入れ墨があるのですぐにわかった。患者なのだから診療したが、一般の患者さんの気持ちを考えれば歓迎はできない。

「あんた、だめだよ。まあちょっと、わかんないようにしろよ」と言うと、「わかった。けっして目立たないようにするから。長袖は絶対外さないから」とおとなしくしていた。

開業して三週間目のこと、とてもショックなことが起きた。私にとって恩師であり、兄貴分でもあった秋田県立脳血管研究センター脳外科部長の伊藤善太郎先生が、不慮の事故で倒れたのだ。

倒れたのは十二月二十一日、雪がたくさん降っていた夜だった。お酒を飲んでいた先生は外階段で雪に滑って足を踏み外し、ズドンと落っこちてしまったのだ。脳挫傷で手術中だという連絡を受けた私は、雪の中を救急車で秋田へ駆けつけた。だが、先生の意識は覚めなかった。半年ほど寝つき、昭和五十七年四月十四日に亡くなった。四十四歳の若すぎる死だった。

伊藤先生の急逝は、その後、嫌な事件を生んだ。

開院当時の私は、常に事件に巻き込まれていたような気がする。私の将来性を見込んだのかどうか、おかしな連中が取り入ろうとしたし、それがうまくいかなければ今度は陥れようとした。

そういう連中のなかに、医療コンサルタントのB氏もいた。私が開業する少し前に近づいてきて、病院の建築などのコンサルティングをしてくれた。開業資金を集めるのにも協力してくれた。人に取り入るのがうまく、大学病院の教授にもいろいろ取り入っていたし、高価な医療機械を購入するときには仲立ちのようなこともしていた。伊藤先生が倒れたときは、私と一緒に奥さんの面倒をみていた。

Ｂ氏の勧めで、私の病院は伊藤先生に生命保険をかけていたので、亡くなったときには二億円の保険金が入った。私はそれを全部投入して、病院の建物を建て増しした。ただし、私は病院も公的な存在だから、そういう個人的なお金の流れはよくないと実は思っていたのだ。それで、そんな保険をかけるように勧めるＢ氏がもってくる話には、だんだん乗らなくなっていった。

すると、なんとＢ氏は伊藤先生の奥さんをたきつけて、保険金を寄こすように裁判所に訴えさせたのだ。最終的には我々が勝ったし、先生の奥さんも後になって私に詫びてくれたが、後味の悪い出来事だった。

二

開業後まもなく、後に「神の手」と称されるようになった福島孝徳先生が、毎月一、二回ぐらいの頻度で手伝いに来てくれるようになった。週末の二日間で、私と一緒に七〜八人の患者さんを手術する。

福島先生との最初の出会いは昭和五十七年（一九八二年）頃に開催された脳神経外科学

会だった。私が開業する少し前で、福島先生は三井記念病院に来たばかりの頃だ。先生は東京大学からベルリン自由大学、メイヨークリニックに留学し、東京大学に帰ってきた直後に三井記念病院に脳外科部長として赴任していた。

後に福島先生はたびたびテレビにも出て一般の知名度も上げたが、当時は一般的には無名の医者で、秋田県立脳血管研究センター脳外科部長の伊藤善太郎先生に憧れていたひとりだったものの、学会では異端児扱いされていた。

学会の会場にあるエレベーターの中で、たまたま伊藤善太郎先生と私、そして福島孝徳先生が乗り合わせて知り合うことになった。

ちょうど大宮から仙台まで新幹線が通った頃だったので、福島先生は新幹線で私の所に通っていた。当時、脳外科の専門病院をつくるなんて珍しかったから、福島先生も興味をそそられたのだろう。また、二人とも業界ではアウトサイダー的な存在だったから、気が合ったのかもしれない。福島先生は私よりも二つ年上で、明治神宮の宮司の長男だ。

あれから三十年以上、私と福島先生は二人三脚で脳科学、臨床顕微鏡手術の進歩に貢献してきたと言って過言ではない。

すでに私は脳動脈瘤などの血管障害の手術についてはベテランだった。脳動脈瘤の手術は難しいだけに、華々しい手術とも言えた。私は「俺の手術を見ろ」という感じで執刀し、福島先生は私の後ろからそれを見ていた。

また、当時はくも膜下出血の急性期手術が最も難しかった。くも膜下出血ですぐ手術するのは、頭を開けたとたんに死んでしまうから禁忌とされていた。だが、私はくも膜下出血の手術の急先鋒でもあったので、その危険な手術をどんどんやっていた。それも福島先生は私の後ろから見ていた。

福島先生以外にも、いろいろな病院から教授が来て、私の後ろから手術を見ていた。テレビモニターを使って、手術のデモンストレーションもした。医者だけではなく、患者さんに見せたこともあった。

福島先生は、顔面痙攣の手術を手がけた。顔がピクピクッと動くのは頭の中で血管が顔面神経を圧迫しているからで、それを剥がしてやればピタリと治る。その手術を日本で一番たくさんやったのが福島先生だ。うちの病院に来ては、週末にそういう患者さんの手術を何例もこなしていた。

開業した頃、私は脳外科の輪番制度を考えついた。それは、救急の患者さんが、脳外科のない救急病院に搬送されてしまい、処置が遅れることがたびたびあったからだ。脳や心臓などの救急患者は、それぞれの科がある病院か、専門病院でないと適切に処置できない。それで確実に脳外科で受け入れることができるように、郡山市内にあった当時の寿泉堂病院、太田病院、星病院と私の病院の四つで、曜日を決めて交替で救急患者を受け入れるように申し合わせたのだ。

うちは月曜日と木曜日を担当した。医療機関同士が手を結ぶことは、地域医療に貢献することでもあった。大病院からは四面楚歌だったが、脳外科の医者は私の味方だったのだ。

高知で仲良くなった清水先生も開院当初は月に二回ぐらい当直に来てくれたので、「開院一ヵ月目よりも二ヵ月目のほうが収入が少ない。患者も手術の数も多くなっているのに、どうしてだ」と相談すると、救急外来や手術室をチェックして、いろいろなアドバイスをしてくれた。

十五億円の借金を背負っての開業だったが、一ヵ月目で収入は三百万円ぐらいあった。

収入の半分は借金返済に充てた。金利が九・五％の時代だから、資金のやり繰りをしていた担当者はずいぶん苦労したはずだ。

返済時期が来れば、経理の担当者と頭を付き合わせて「だいじょうぶか」と相談する。「あぶない」と思えば、普通は銀行に相談するだろう。だが、私は銀行に泣きついたりはしなかった。逆に、向こうから「足りないんでしょう？」と気遣ってもらい、対処してくれることが多かった。

もちろん優しい担当者ばかりではない。「これ以上の融資はできない」と断られたこともある。「お宅は東京支店管轄になったので、そちらで」と言われたので東京支店に行くと、「それは本店（地元）扱いですが」とたらい回しされたこともあった。

だが、一度も不渡りなどは出さず、借金はちゃんと返していった。

病院は順調に伸びていった。尋常じゃないぐらい忙しく働いたが、自分の腕で患者さんが治るのを見ることは生き甲斐だった。

開業して三年目には、ベッド数が一五六床になっていた。

病院はどんどん発展していったが、妬む人も多かった。私は誰に対しても丁重な態度をとっているつもりだったし、だからこそ病院もはやったと思っているのだが、私のことを生意気に思う人も少なくなかったようだ。

なお、最初に雇った新人の医者は、一年ぐらいで辞めた。医者は次から次へと来ては、また辞めていった。けっして職場環境が悪かったわけではない。医者を寄こしてくれた秋田大学が人を替えるだけのことだ。

大学には医局制度があり、その医局が三ヵ月とか四ヵ月、あるいは半年で医者を交替させるのだ。だが、労働基準局から「先生んとこはいっぱい辞める。よからぬ職場だ」と言われた。まったくわかっていない。

ただし、看護師が辞める理由はそれとは違った。景気がよくなると、看護師の給料よりも高い水商売系に行ってしまう女性が少なくなかった。だから、看護師というのは「止まり木」とも言われていた。

昭和五十九年（一九八四年）、私は脳神経疾患研究所という研究機関をつくることにした。これは医療法人ではなく、県の公益財団法人だ。その後、公益法人制度改革で、内閣府の一般財団法人になっている。

昭和六十年一月一日付けで、郡山の病院、つまり本院は「財団法人脳神経疾患研究所」

になった。研究所といっても、中身は脳外科と神経内科の病院だ。

財団法人にすると無税になるが、けっして節税のために設立したわけではない。私には、病院というのは私物化してはいけないという思いがあった。病院というのは、たとえ個人のものであっても、人の命のためにあるわけだから、限りなく公的な存在であるべきだと考えたのだ。

とはいっても県立や国立などの官公立病院では自由がきかないし、税金では非常に制限された医療しかできない。そこで思いついたのが財団法人だった。

財団法人の申請をすると、役人からは「せっかく軌道に乗って儲かっているのに、わざわざ財団法人にすることはないだろう」とあきれられた。医療法人は個人でできるが、財団法人にすると自由がきかなくなり、お金も好きには使えないというのだ。

財団のために私財の三〇〇〇万円を寄付すると言った私に、行政の現場担当の人は「先生、そういう人はいまだかつていなかった。すべて不足のところはありませんから、認可されると思います」と言ってくれた。

ところが、このときも、それを阻止しようとする妨害行動があった。財団会や病院協会、医師会だ。「そんな若造に財団法人なんてくれてやるのはけしからん」と思ったらしい。病院協会は重箱の隅をつつくような理由を付けて、官僚に「許可するな」と圧力をかけてきた。

今でも郡山には五財団というのがあるが、うちはそれに入ってない。入れば六財団になるが、私などはまだ新参者と見なされているのだ。そういうところは、紳士協定を結んでいるのだろう。

五つもグループがまとまれば、嫌がらせぐらい簡単にできる。うちが無税になるのはおかしいと役所に告発したのはいいが、実は自分のところも税金を払っていなかったことが明るみに出るという事態になったのは笑い話だった。

あらぬ噂も立てられた。医者や学校の教師などの有識者が委員になっている、県の医療審議会という組織がある。この医療審議会による「賛成」が、官僚が判断する材料として手続き上必要だった。

審議会は医療関係者ばかりではないから反対する理由はないはずだが、その有識者に私寄りの人はあまりいなかったので、反対勢力に根も葉もない醜聞を吹き込まれて本気にしたメンバーが「反対」に回ってしまったのだ。

しかたがないから、こちらは「行政不服願い」を申し立てた。すると役所のほうがびっくりしたようだ。私が申し立てたのは十二月二十六日だったが、翌二十七日、忘年会の真っ最中に「昭和六十年一月一日付けで民法三四条の財団法人、脳神経疾患研究所を許可する」という返事が来たのだった。

研究所となった病院に、医者は五、六人いた。その頃になると、東北大学や福島県立医科大学も一人ぐらいは医者を寄こしてくれるようになっていた。いろいろな人脈ができていたし、東北大学は神経内科からも医者が来てくれた。だんだんいい方向へ向かっていったのだ。

三

開業して五年ほどたった昭和六十年（一九八五年）十二月一日、宮城県の岩沼市に「南東北病院」を開設した。

岩沼市というのは、東日本大震災で機能不全に陥った仙台空港がある所だ。後述するが、病院の一〇〇メートル先にある駐車場まで津波が来た。

この病院は、岩沼市から誘致されてできたものだ。郡山で開業して三年目ぐらいから、岩沼市議会が私に陳情に来るようになった。当時、岩沼市にはいい病院がなかった。地元の医師会（岩沼・名取医談会）が新しい病院を開設することを許さず、新しい病院の計画は誰がやっても潰される。

患者はみな仙台まで行かなくてはならなかったから、市民が困っていたのだ。それで、私の病院に岩沼市議が見学に来るなどしていた。

誘致されたと言ってもお金を出すのはこちらで、土地から購入した。頼まれたときに「前向きに考えますから」と軽はずみに言ってしまったのが発端だった。考えてみれば、本院ができてから四、五年しか経っていない。資力も余力もエネルギーもないのに、よく引き受けたものだ。

ところが岩沼市がある宮城県は東北大学の傘下だから、東北大学が黙ってはいない。人のシマを荒らすなとばかりに、開院が決まると同時に嫌がらせが始まった。「渡邉には医者を供給するな。看護師も供給するな。金も供給するな」という指令を全国の関係者に発したわけだ。

宮城県の市町村医師会や宮城県医師会をはじめ、大学も、全市町村長も、銀行も、薬会社も、医療機械会社も、看護協会も、すべてが敵になった。医師会は患者を取られたくなかったし、東北大学には「宮城県の医療を担ってるのは俺たちだ」という自負があったから、何が何でも反対だったのだ。

味方は岩沼市の渡邉健一郎市長と市会議員の半分だけ。「渡邉一夫を潰せ」というすさまじい気運に私は身の危険を感じたため、宮城に行くときには空手三段以上の男を二人、ガードマンとして同行させた。

銀行も全部そっぽを向き、融資を受けていた七十七銀行からも、「全額返せ」と言われた。医療福祉事業団（今は福祉医療機構）という政府系の財団からも、「金は貸さん」と言われた。

宮城県の医師会は、金にものを言わせて元日弁連会長の山本忠義を雇った。彼は大きなアメ車に乗って、部下を一〇人ぐらい引き連れて建築現場へやってきた。ヤクザのようにサングラスをかけた出で立ちで、「話し合え」と言う。

仙台の大料亭の大広間で、向こうは十数人、こちらは弁護士と二人で向き合った。さんざんこき落ろされたが、それでも我慢していた。

すでに建物の土台はできていた。だが、彼らは仙台法務局に訴えて病院建築の工事を差し止めさせた。私が買わされた土地は市のものだったが、市が売ったのは不法だという理由だ。

当時は後述するミドリ十字事件にも巻き込まれていたから、私は四面楚歌だった。だが、結果として我々は勝った。岩沼市民、特に婦人会が立ち上がったからだ。決起集会を開き、市の人口四万人のうち二万二千人分の署名を集めた。それに背中を押された私は、裁判所の差し止め命令の立て札を取っ払って、許可なく工事を再開させた。

住民がバックにいるわけだから、これは正しいことだと思ったのだ。『河北新報』などの新聞も連日、この騒ぎを報じた。関係者はみな、固唾を呑んで成り行きを見ていた。

結局、この闘争には三年ぐらいかかったが、工事を強制的に始めてからは、あっという間にできた。

建物ができても、スタッフが集められなければ病院はできない。

東北大学の脳外科には、鈴木二郎先生という世界的にも有名な教授がいた。岩沼の私の病院に医者や看護師などを行かせないようにと全国に手を回していたのは、この鈴木先生だ。

実は、鈴木二郎先生からは、その前から睨まれていた。私が雄勝中央病院にいたとき、日本脳神経外科学会で超急性期の破裂脳動脈瘤の開頭根治手術について発表したおりに激論を交わしたのだ。鈴木先生からはずいぶんひどくコメントされたのだが、私は一歩も引かなかった。おそらく、それも記憶されていたのだろう。

そして、この岩沼の病院の件は、秋田大学で私の恩師だった古和田先生にまでとばっちりが行った。「お前の下の渡邉は行儀がなっとらん。お前んとこから人を出してるから、渡邉の奴がいい気になりやがって、宮城県まで攻め込んできた。干せ（医者を出すな）」と言われてしまったのだ。

古和田先生は東北大学の出身だったから、逆らえない。愛弟子の私であっても「俺は宮城県（にある病院）には医者は出せない」と言うしかなかった。

「いや、先生。私はわがましてこういうことになったんだから、先生にも迷惑かけられません。ですから先生、秋田大学からも全部、人を引き上げてくださって結構ですから」

そう言った私を、だが古和田先生は見捨てなかった。

「いやいや渡邉君。郡山（にあるほうの病院）には今までどおり（医者を）出すから。宮城県は勘弁してくれ」
「いや、ありがとうございます。その言葉だけで十分です」
結局、岩沼の病院へは、弘前大学や群馬大学から来てもらった。実は私を応援してくれた人も、結構いたのだ。

このようにして開設した岩沼市の南東北病院は、二年後に救急医療機関として指定を受け、平成元年（一九八九年）六月には、医療法人南東北病院として認可された。平成十三年には岩沼地域保健医療圏病院郡輪番制病院を受託、今では岩沼市と名取市周辺で二次救急医療の中核的存在となっている。

あの一連の騒動から、二十五年以上が過ぎた。今、宮城県の中でいろいろな大学から人が集められるのは、この岩沼の病院だけだ。もう世代も代わったから、東北大学からも医者は来る。秋田大学はもちろん、広島大学や名古屋大学など、全国の大学から来ていて、今、岩沼の病院の医者は三十人を超えている。福島県立医科大学からもだ。

四半世紀前には考えられなかった様相を呈するようになった背景には、世代交代だけではなく、うちの病院が自由な気風であることや、最先端の医療をやっているということもあるだろう。

ただし、この後、またB氏のちょっかいが始まった。自分の儲けになるうちは私と仲良くやっていたB氏だったが、私が思うように動かないと見ると、今度は病院の乗っ取りを図ったのだ。私に借金だけを負わせて、岩沼の病院を自分に取り込もうとした。

そのために、ずいぶん汚い手段を使われた。私の借金を勝手に返そうとしたこともあった。幸い私のほうが信用があったので事なきを得たが、岩沼の病院で私が派遣している医者に、「先生、ここが先生のものになるんだよ」と誘いをかけていた。毎晩盛り場に連れていっては若い女性をはべらせて接待漬けにしていたのだ。

私が動いて誤解を解き無事にすんだものの、このために仙台と福島を一日に五、六回往復したこともあった。

郡山にある本院のほうも狙われた。私の留守を狙ってトイレに私の中傷ビラを置いていったこともあったし、サングラスに黒い服を着た男を待合室に五、六人座らせていたこともあった。

そんな経験は、いい勉強になった。医者なんて世間知らずで純粋でばかだから、簡単に騙される。私もそのひとりだ。それを見た向こうは、もっと私を利用できると思う。

しかし、私だって途中で気づく。それで利用価値がなくなったと判断され、邪魔者にされたわけだ。

いざこざを抱えながらも、私は手術をこなしていた。手術のときは頭が切り替わるから、懸案事項を思い出すようなことはない。二つの手術室をフル稼働させていた。

五年ぐらい過ぎた頃には、大学を卒業してすぐに私のところに直接来る医者が現れた。福島県立医科大学から一人と佐賀医科大学から一人だ。この二人は私の一番弟子ということになる。インターネットのホームページなどなかった時代だが、脳外科の世界では「南東北」という名が知られるようになった証左だった。

試練と和解

一

最も大きな事件が病院を襲ったのは、開業して六年目ぐらいの昭和六十三年（一九八八年）だった。新館が完成し、ベッドが一九七床にまでなり、MRI（磁気共鳴画像装置）を導入した矢先だった。

日本国中を巻き込んだ「ミドリ十字事件」だ。ミドリ十字ではエイズの事件も有名だが、これはその前のキセノン（ゼノン）にまつわる薬事法違反事件である。ゼノンというのは原子番号が五四、元素記号がXeの元素だが、同時に薬の名前でもあった。

脳梗塞というのは頭の中の血管が詰まってしまう病気だが、当時はまだ「不治の病」と言われていた。私はそれを外科手術で治そうとしていた。

注射で詰まりを溶かして、血管を再び開通させる。ただし、血管を再開通させる前に、その脳細胞が生きているかどうかを見きわめなければならない。見極めるためには、脳循環、つまり脳の血液の巡りを測定する必要がある。

その測定には、放射線の濃度で血流の脳循環を測る「脳循環測定装置」が不可欠で、私はそのなかでも最も高機能なトモマチックというデンマーク製の装置を買っていた。輸入品だが、厚生省が認めていたものだ。私は保険点数も大丈夫だと確認してから購入していた。それで脳梗塞患者の血管を再開通させていいかどうか判断できるようになったのだ。

トモマチックを使うためには、特定の薬を使わなければならない。その薬がゼノンというラジオアイソトープ（放射能性同位元素）だった。これはフランスからの輸入品だ。ところが、そのゼノンが認可されていなかったのだ。ゼノンを輸入していたのは千葉にある国立の放射線医学研究所で、売っていたのがミドリ十字だった。ちなみにミドリ十字は株式会社だが、厚生省（当時）の天下り先でもあった。

実際には、その薬自体が違反なのではなく、使う量が違反だった。注射器に入れる程度の一〇ミリキューーリーなら認められていたのだが、トモマチックは一〇〇ミリキューーリー入りのシリンダーを使わないと、アダプターに入らない。そして一〇〇ミリという量は認められていなかった。

ゼノンは放射能物質だから半減期があり、五、六日過ぎると効果がなくなってしまう。だから、つくったそばから飛行機で運んでこないといけない。しかも放射性物質だから、手作業でまとめるわけにもいかない。そもそも液体と気体という違いもあった。だから、一〇〇ミリキューリー入りのシリンダーを使う以外にはなかったのだ。

事実としては輸入の手続きについて省庁に不手際があり、保険に収載するのを忘れただけのことだが、実際に薬事法で認可されていないのだから、たしかに違法ではあった。

だが、こんなに理不尽な話はない。自動車は売っていいが、ガソリンは売ってはいけないというようなものだ。機械と薬では担当する課が違うためにそのようなことになったようだが、そのためにおかしな事態になってしまった。

そして、ジェラシー勢力が、この事態に気づいた。私に嫌がらせするには絶好の機会だ。連中は私に「あれは違反だ。訴えるぞ」と脅してきた。うちの内部の人間を買収して証拠を押さえてもいたが、私としては違反という意識はない。「訴えるなら勝手にやれ。何も俺は悪いことないから、受けて立つぞ」と応じた。すると、彼らは新聞社にリークした。

昭和六十三年(一九八八年)二月二十四日、福島県の大手二紙である『福島民報』と『福島民友』の一面をこの件が飾った。私の顔写真はカラーで出た。

患者より利益・効率を優先？

郡山の病院　医療費不正〝疑惑〟

『命令、仕方なく従う』

元職員告白　ついていけず辞表

最新の医療機器を次々と導入し、高度な治療技術で市民から厚い信頼を得ていた南東北脳神経外科病院で、診療報酬を不正に請求していたことが明るみに出た。不正はエミッションCTやキセノンガスといった、一般患者になじみのうすい特殊な検査機器と目に見えない医薬品を使って行われたが、その背景には事実と違う請求をしても発覚しにくい現在の医療保険請求システムに問題があったことは否めない。また、医療機関を指導、監督する立場の県は、これまで行った数度の指導で病院経営を改善できなかった点を重くみており、今後は強い態度で臨む方針だ。

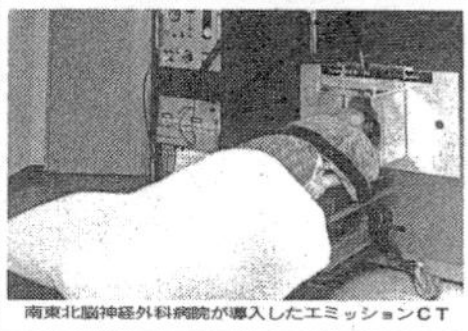

南東北脳神経外科病院が導入したエミッションCT

南東北脳神経外科病院が、保険適用されないキセノンガスを使いながら、保険請求できる別のガスを使ったことにして不正請求していた事実は、福島民友新聞社がこれまで入手したレセプト（請求明細書）やガスの納品伝票のコピー、さらに数多くの関係者の証言などから明らかになった。

関係者の話を総合すると、キセノンガスは毎週週明けに、同病院へ納入されていた。ガスは一本二百ﾐﾘｷｭﾘｰのアンプルに納められ、毎回数本納入されていた。アンプルはエミッションCTの機械内で破砕され血液の造影剤として使用されるが、放射性のキセノンは半減期が約五日と短く、日数がたつと造影効果が著しく下がってしまう。ある関係者によれば「納入当初は一本のアンプルで四－五人が検査を受けられる。アンプルを破砕し、ガスがまだ残っているのに検査を受ける患者がいない場合、担当者が各病棟に連絡して新たな受診者を捜し出し、ガスを残さず使い切るようにしていた。検査の必要性より、ガスの効率的利用を優先しているようだ」という。

また、オープン時から数年間勤めた男性は「間違ったことはやりたくないと経営者たちに断えたが〝大丈夫だ、やれ〟と言われ仕方なく従った。しかし、利益ばかりにこだわる経営方針についていけなくなり、自分から辞表を出した。まじめに医療を考えている人はどんどん辞めていった。不正などしなくても経営は順調に行えたはず。なぜあれほど〝もうけ〟に走るのか、全く理解できない」と不正請求について語った。

請求システムの〝欠陥〟つく

チェック能力に限界

南東北脳神経外科病院の不正請求は、不正を完全にチェックし切れない現在の診療報酬請求システムの問題点を浮き彫りにしたともいえる。

医療機関は、医療報酬を患者ごとにまとめたレセプトを毎月、各支払機関に提出。支払機関では医師や事務職員がレセプトを厳しく審査し、報酬を支払っている。

だが、今回問題となっているキセノンガスの場合、レセプトには実際に使用したガスの製品名を記載する必要がない上に、本当にそのガスが使われたかどうか書類上からはチェックできない。この点についてある社会保険事務所の職員は「現在の請求システムは、医者が悪いことをしないという〝性善説〟に基づいて出来上がっている。チェックは医療機関を信頼した上で行われているから」と説明する。

さらに、提出期限直前には膨大な量のレセプトが各支払機関に舞い込み、一人の審査官が一日に二千枚のレセプトを審査することさえある。チェック能力に限界があることも事実だ。

キセノンガス	A 社	B 社
価格（10ﾐﾘｷｭﾘｰ）	35815.1円（薬価基準価）	3175円（薬価認可前の南東北の購入価）
薬価基準認可時期	55 .12 .25	62 .10 .1

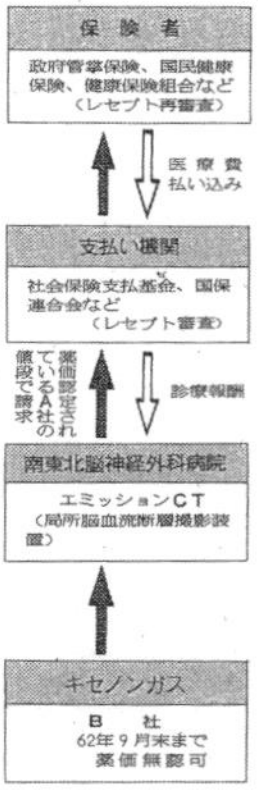

●キセノン（Xe－133）空気中に微量存在する放射性同位体元素で、無色無臭の気体。半減期は約五日。放射性医薬品としても取り扱われており、注射液は生理食塩液にキセノンガスを溶かして製造される。医薬品は、血液の造影剤として脳血流検査などに使用されている。放射性医薬品は管理が厳しく、さまざまな法律によって取り扱いや廃棄方法が厳格に定められている。

56年に開院　スタッフ150人

財団法人脳神経疾患研究所付属南東北脳神経外科病院は昭和五十六年十二月、郡山市富久山町八山田字前林一八でベッド数六十床の個人病院としてスタート。五十七年五月にベッド数を百二十床に増床、五十八年十二月には財団法人に組織変更し、間もなく渡辺一夫院長が理事長に就任した。また、五十九年一月、脳神経疾患研究所を設立した。

現在、NCU（脳外科集中治療管理室）用十六床を含めて百五十六床に増床し、常勤医師四人、看護婦九十人など、総勢約百五十人のスタッフで診療している。

診療科目は、脳神経外科、脳神経内科、神経放射線科、神経麻酔科の四科目。

また、今年夏完成を目標に二百七十床の新病棟（地上四階、地下二階）を増床中。

理事長と一問一答

薬価は通っている

不正すればすぐばれる

「私は知らない」と語る渡辺一夫理事長

放射性医薬品キセノンガスの診療報酬不正請求などについて渡辺一夫理事長は二十六日、本紙記者のインタビューに応じ、「薬価基準で認められていたかどうかは、私ははじめ病院では確認していなかった」とあいまいに答えながらも、事実を否定することはなかった。

―エミッションCTをめぐって不正請求があったと聞いているが。

理事長　私は医者なので薬価のことはよく分からないが、（使っていた薬は）薬価は通っている。

―エミッションCTではどんなガスを使うのか。

理事長　放射性ガスです。キセノンガスしか使えない。

―昨年十月まで、どこの会社のキセノンガスを使っていたのか。

理事長　ガスについてはよく分からない。

―薬価で認められていないメーカーのガスを使っていたと聞いているが。

理事長　よく分からない。どこのガスでも胴元は同じでしょう。

―当時は一社しか薬価で認められなかったはずだが。

理事長　医者なんでそこまでよく分からない。

―院内のだれが購入するのか。

理事長　資材購入係が買い込んでいた。

―理事長から指示はあったか。

理事長　私は命令していない。使うときは私たちが使うわけじゃなく、レントゲン技師が使うんだからね。

―病院でどこのガスを使っているのか分からないのか。

理事長　県など当局の指導を受けていた。ただし、私は全く知らない。薬価に出ていないなら、県など監督官庁に相談する。（病院の）医事課はプロなので、出ていなければどう請求すればよいか私に相談に来るはずだ。

―ここにB社のガスの納入伝票があるが。

理事長　初めて見た。その社のガスが通らなかったことなど知らない。当局から一度も指導されたこともない。事務屋がいるんだから、彼らを指導してくれればよい。支払機関に持っていくのだから、（不正をすれば）すぐにバレるだろう。

―診療報酬請求書からも不正が証明されるが。

理事長　そうだとしたら決して反省していないわけではない。私の監督不行き届きだと思う。

―病院はこの事実について全く分からなかったということか。

理事長　私も病院も分からなかった。薬の指定は機械（エミッションCT）を買った会社から受けていた。

福島民友　昭和63年4月27日

記事が載ることは、前日からわかっていた。その日、私は福島県立医科大学時代の同級生の教授就任の祝賀講演会を開き、夜は同級生で会食をしていた。会食の最中に連絡が入り、私は何度も電話に出るはめになった。だが、電話口で私は言った。「ああ、いいよ、別に。俺なんも悪いことしてないから、何出しても怖くない」。

記事の出た当日、私は歯医者に行っていた。テレビにも私の顔や病院の全景が出ていたから、歯医者から「先生、大丈夫ですか」と聞かれた。「出てますよ。もう朝からバンバンと出てますよ」と言われたが、「別に、まあ、有名だからな、俺は」と答えておいた。全国紙でも、テレビや雑誌でも騒がれた。マスメディアがこぞって私の病院を叩いたのだ。だが記事の三分の二はでたらめだった。脳死の問題で私が連載していた新聞も、手のひらを返したように私を叩いた。

この騒ぎが一年半以上続いた。まだ岩沼の病院のドタバタが続いていた頃だ。その件で私が言うことをきかなかったので、うまく事を運べなかった連中や私に嫉妬していた連中が、このときとばかりマスコミの尻馬に乗って私の悪口を言っていた。それを応援した周りの病院もあった。

連中の魂胆は「南東北を潰せ」「消滅させろ」ということだ。病院をいったん潰して、誰かが二束三文で身請けする形で乗っ取る。そんな詐欺のようなことはあちこちで行なわれていたし、そういうことをする商売屋がいた時代でもあった。

渦中にいた私を心配したある教授が、「ナベ、日本にいると新聞だとか周りがうるせえし、体によくねえから、香港に連れていくから」と言ってくれた。それで香港に行ったのだが、そのときこんな会話をしたことを覚えている。

「先生、どうもあれなんだな、不整脈が出るみたいなんだ」

「そりゃお前、心配だからだよ」

「俺はあんまり心配したことないんだけど」

「でもな、やせ我慢しとるな」

調べなかったが、本当に不整脈だったのだろう。私の大切な病院のことが、不祥事として毎日のように朝昼晩とテレビで取り上げられているのだ。当時、もう高校二年か三年だった娘は平気な顔をしていたが、まだ小学生だった次男は「学校に行きたくない」とまで言い出した。

日本に輸入されていたトモマチックは十台しかなかったが、同じようなケースは多々あり、実際には全国の大学病院や民間の大病院のほとんどは私と同じ立場にあった。調べが進むにつれてそれが発覚したため、行政もうちだけを潰すというわけにはいかなくなった。

そのため事件は全国規模に広がり、厚生省も事態を収拾できなくなってしまった。そして二年も過ぎた頃、騒ぎはなんとなく沈静化していった。結局、うやむやになった形だ。

ただし、南東北病院は二ヵ月間、保険が取り消された。保険の取り消しは、病院にとって死活問題だ。まったく同じことをしていた一〇〇ぐらいの病院も保険取り消しの憂き目にあったが、そちらは一ヵ月間だけだった。最初に発覚したからといってうちだけが二倍の罰則というのはおかしな話だが、実際そうだった。

保険が取り消されれば、診療はできない。患者さんから一〇割お金を取ることになるので、誰もやってこないだろう。「あの病院は潰れるぞ」という風評被害が広がり、取引先や銀行も見捨てるに違いない。保険の取り消しというのは、懲らしめという意味だった。

実際、脅しに近いことを言ってくる人間もいたし、病院乗っ取りの噂も耳に入ってきた。

ところが、皆の予想に反してうちの病院の患者さんは減らなかった。私にとって一番の応援者は、患者さんだったのだ。病院を助けようと「友の会」ができ、六万人ぐらいの署名がダンボール箱に集まった。

私たちは患者さんの経済的な負担が増えないように、「療養費払い」という制度を利用した。後から申請すれば、保険診療外のお金が戻ってくる仕組みだ。もちろん膨大な事務作業が生じたが、保険についてはそうやって切り抜けた。

嫌な噂にさらされて、銀行からも貸し出しをストップされるような状況だったが、医者も看護師も誰ひとり辞めなかった。むしろ、いろいろな病院から寄せ集められてきたスタッフが、団結する機会となった。

事件が起きたとき、福島孝徳先生はアメリカで働いていた。久しぶりに帰ってきて新聞を読んで仰天した福島先生は、「先生、何ですか、これは。とんでもないことが」と私のところに駆け込んで来て言った。「まあね。こんなもんだろう」と私はこともなげに言ったが、報道に激怒した福島先生は、新聞社をはじめあちこちに文句を言って回ってくれた。

行政の不公正な処分に、私としては納得がいかなかった。もともと悪いのは行政なのに、なぜ弱いところにしわ寄せがいくのだろうか。だから、私は最高裁までも闘うつもりでいた。正義は勝つべきだからだ。

だが、途中で考え直したのだ。裁判には時間がかかる。貴重な時間をそんなことに使っていいのか。私は「これはバカになるしかない」と思った。汚名を着せられたことは忘れよう。行政の人間なんて二年も経てば替わる。闘うことに意味はない。

「負けるが勝ちだ」と思った。自分にとっての本当の勝ちは、自分が最初に掲げた、最高の医療を提供することだ。そう思えば、お金で騙されたとしても、恨んだり執着したりすることもない。


そう考えられるようになった後では、こんなこともあった。

平成十九年（二〇〇七年）一月、東京・丸の内にあるオアゾビルの四階の一角を借りて「東京クリニック丸の内オアゾ」を開設した。四〇〇坪ぐらいだ。だが、五年間で二〇億円の赤字になった。しかたがないので、クリニックなどをいくつか集中させることを思いついたのだが、又貸ししている人間が「そんなことをやるのは違反だ。出ていけ」と言ってきた。言われたとおりに出ようとすると、今度は賠償金を三億円ばかり払えという。

争っている時間がもったいないので、「そんなこと言われるんだったら、あそこは全部捨てよう」と思った。結局は裁判になって、六〇〇〇万円を支払った。控訴して争えば六〇〇〇万円も払う必要はなかったかもしれないが、そういう業者に引っかかった俺が悪いと思ってスパッと払い、平成二十一年（二〇〇九年）に閉院した。

二

脳神経疾患研究所を申請するときもそうだったが、いくら現場の担当者がいいと思っても、上司の承認が必要だ。その上司に、私に反対の連中が政治家を使って圧力を加えれば、どんな申請も簡単につぶせる。そういう嫌がらせは頻繁にやられた。

一番腹が立ったのは、看護学校の件だ。看護学校をつくろうとしたのだが、ジェラシー勢力が手を回した県の保健環境衛生部看護課が、「あれもない、これもない、それもない」と不足を指摘して無理難題を押しつけてきた。

その課題を全部クリアすると、最後はこう言われた。「歴史がない」。歴史というのは、相手がなくならない限り追いつかないものではないか。要するに、つくらせたくなかったのだ。

看護学校の新設に反対したのは、主に保守的な看護課長や看護部長だった。看護師不足なのになぜつくらせなかったかと言えば、すでに別の病院がつくっている看護学校が隣りにあったからだ。私が新しい学校をつくると、旧来の看護学校の経営が怪しくなるだろうと思ったのだ。世間が狭いというか、度量がないとしか言いようがない。

実はその後、その看護課が「看護学校をつくってください」と言って来た。「あんた、そういう話をよく言えたな。『看護学校なんてつくる必要ありません。どこどこにつくってありますから、十分間に合ってます』と言ったんじゃないの」と私は断った。その病院は、看護学校から卒業生を出しても、自分の病院に残ってくれなかったのだ。

昭和五十七年（一九八二年）、いわゆる「病床規制」が始まった。これからの病院は六〇〇床以上でないと存在させないと国が目安を示し、以降の増床は認めないという政策だ。そのために、全国のあちこちの病院で「駆け込み増床」が始まった。福島県ではあまりなかったが、我々も駆け込み増床をした。

その結果、全国的に医者不足、看護師不足、レントゲン技師不足が起こった。病院に必要な業種の人材がいなければ増床はできない。特にレントゲン技師の不足は深刻だった。

技師や薬剤師については、うちの病院では自分たちで育てていたので賄うことができた。だが、医師と看護師が足りない。看護師は二〇〇人、医者は二〇人が必要だった。私は「集めてこい！」と号令をかけた。

最終的にうちの病院は四三〇床になり、増床の許可が出た。六〇〇床には満たなかったが、「特例許可」で認められたのだ。当時はリハビリと小児科と循環器科が特例病床扱いだったので、うちも脳外科のリハビリということで特例病床を二〇〇〜三〇〇床もらい、合計して四三〇床になったわけだ。なお、今は四六一床になっている。

ミドリ十字事件の真っ只中にいた大変なときでも、私は外国の学会で発表するなど、普通に予定をこなしていた。スタッフは「先生、大丈夫ですから行ってください。先生が日本にいても害になるだけだから、日本にいないでもらったほうがいい」と言って送り出してくれた。

そして昭和六十四年（平成元年）、アメリカのデトロイトでの学会に行ったときのことだ。私も英語で三十分ばかり発表した。そして夜の晩餐会に出たところ、東北大学の鈴木二郎教授と鉢合わせしたのだ。鈴木先生と私は岩沼の件で衝突して以来、五年間ぐらい

争っていた間柄だった。彼は、

「おお、渡邉君か。お前、病院ないんじゃないか。大丈夫か。こんなとこに来てしゃべくってていいのか」

と挑発的なことを言ったうえ、みんなの前で、

「この男はな、日本国中を騒がしてんだ。今頃日本に自分の病院ないかもしんないのに、こんなとこに来てしゃべってんだ」

と言った。度胸がある奴かあきれた奴だと言わんばかりだ。だが、事態は思わぬ方向に変わった。鈴木先生は最後に、

「いや、渡邉君。仲直りしような」

と言って手を差し出してくれたのだ。私は「ありがとうございます」と言って握手をした。劇的な仲直りだった。

その後、私は帰国せずにカナダのモントリオールに行った。モントリオールは世界的な神経科学のメッカの一つで、私は世界初のＰＥＴ（陽電子撮影断層装置）なども見ることができた。驚いたことに、それは廊下の片隅に無造作に置かれていた。

私はミドリ十字のゼノン事件のせいで日本の神経科学界は十年間後れを取ってしまったと痛感せざるをえなかった。

一方、鈴木先生のほうはデトロイトから直行便で成田に向かった。そして、その飛行機の中で先生は突然倒れたのだ。急遽アンカレッジに降りて、アンカレッジ大学の病院に行ったことで一命は取り留めたものの、その後、悪性脳腫瘍だと判明し、間もなく亡くなった。

だから、鈴木先生と仲直りして握手できたことは本当によかった。あの学会がなければ、仲違いしたままだったはずだ。

その和解は、私の気持ちの中でいろいろなものを浄化していったような気がする。かつて学生運動で一緒に理想を掲げていた人間が別の方向へ行ったのを見ていて「卑怯だぞ」と思ったこともある。けれども、そんなふうに思ってもしかたがない。それが普通のことなのだから。

人を責めるのではなく、自分は自分の信じる道を進めばいい。自分は理想の道を走ればいい、と思えるようになった。

ミドリ十字事件もあった。長年確執のあった先生との和解があった。それで落ち着いたのだろう。それまでの出来事を振り返って、世の中に対する自分の気持ちに整理がついてきた。

それまでは、弱い者いじめをする世の中に対して不満があった。だが考えてみれば、本当に弱い者を彼らはいじめない。いじめ甲斐がないからだ。私がいじめられたのは、見せしめにするためだった。見せしめにするには、ある程度強い相手でなくてはならない。私はいじめ甲斐のある、強い存在だったのだ。そう考えられるようになった。

拡大と躍進

一

脳神経外科の専門病院としてスタートした私の病院は、次第に診療科を増やしていった。日本人の死亡原因の第一位が脳卒中から癌に変わった時代にあって、どんな疾患でも治したいという私の理念を推し進めるためだ。外科、泌尿器科、消化器内科などが一度に増え、当然医者の数も増えた。

一例として、消化器外科をつくった経緯を紹介しよう。当時、福島県の中通りで腸管膜動脈閉塞症の手術ができる病院はなかった。腸管膜動脈閉塞症は七転八倒する非常に苦しい病気だ。手術が必要な場合は大学病院に搬送するしかなかったが、大学病院では日曜日には医者がいないし、たいてい満床になっている。そのために命を落とす患者さんが少なくないと聞いて胸を痛めた私は、福島県立医科大学の第一外科から教授を招聘して消化器外科をつくった。

最初の開院のときこそ用意周到だったが、その後は勢いでドンドン進んできたと思う。

今、南東北グループには一〇〇以上の事業所がある。だが、一、二ヵ所を除けば、全部頼まれて開設した所ばかりだ。宮城県岩沼市の例のように、地方自治体の村長、町長、市長などから「ここにつくってください。なんとかうちの町の診療所をなくさないでください」「なんとか医者を派遣してください」などと請われたケースが多い。

そういう件が、次から次と湧いてきた。周囲からは「事業が好きだ」とか「経営力がある」などと言われるが、そうではない。どちらかといえば、生来のお人好しに起因していると思っている。親父の血筋だ。

そういえば、幼い頃にこんなエピソードを聞いている。明治時代のことだが、先祖の庄屋が人の喧嘩を止めたことで、二、三年も牢屋に入っていた。喧嘩の仲裁に入ったのにもかかわらず、相手が殺されたことで「同罪」とされたのだ。

いつの間にか病院や分院が増えて、南東北グループはどんどん大きくなった。ただし、私は「どんどん増やして、もっと大きくしてやろう」などと思ったことは一回もない。

平成二年（一九九〇年）、郡山市で私が初めて開院した南東北脳神経外科病院は、「南東北病院」となった。脳外科の単科病院から、総合病院となったのだ。

最初の開院の時から私は「世界一を目指すぞ」と言ってきたが、そのとき新しく集めた医者の前でも同じことを言った。彼らからは「先生、何言ってんですか。無理ですよ」という冷ややかな反応が返ってきた。それで私はその中のひとりの心臓外科医に言った。

「一番になることなんつうのは難しくないんだ。この町（富久山町）の人口が二、三万人だ。ここで一番になることはできるでしょう。だって、心臓外科やってる人いねえんだから」。すると、彼は「それはできる」と答えた。そこで私は畳みかける。

「いいか。その次は郡山市で一番になればいいんだ」と。「これは少しハードルが高いが、お前が一生懸命になったらできないわけないかもしんない」と言う。その次は福島県の県中・県南と圏域を広げていく。

「その次、福島一になるために、大学さえ追い越せばいいんだよ。あと何例プラスすればできんだ？　一〇〇例だろう。簡単だろう」

「で、その次は東北一になりゃいいだろう。それには東北大学を追い越せばいいんだ。何例だ？　二〇〇例超せばいいんだろう。それも難しくないだろう」

そんなふうに言っていると、「うーん。頑張ればできないことない、かもしれない」と思えてくるものだ。学問は別として、手術においては自分たちが圧倒的に上にいかなくてはいけない。

外科にもハッパをかけた。「お前、できる奴のひとりだと自分でも思ってっだろうし、周りも思ってるかもしんねえ。でもお前な、一年間に手術何例やってんだ？　大学だって一五〇とか二〇〇例だろう。お前、そんな、鼻くそみたいなこと言うな。いいか、俺は一年に一六〇〇例やってたんだぞ。最低でも一〇〇〇例やらないと、手術やってますなんて言えねえぞ」

そんな感じで、どの科も巻き込んでいった。あれから約二十年。今、うちの病院の心臓外科や肝臓癌の手術数は、東北で一番になった。かつてはできなかった癌の手術もできるようになったし、食道癌、膵臓癌、胃癌の手術については福島でナンバー1だ。外科手術も、一〇〇〇例近くなった。

啓蒙する必要があったのは、自分の病院内ばかりではない。私は諸外国から科学者を集めて脳神経外科シンポジウムを開き、脳血管障害や脳腫瘍などの診断や治療法の研究発表の場を設けた。また、日本病院脳神経外科学会も開催し、医者だけではなく看護師や放射線技師などの質の向上にも努めた。

平成十年（一九九八年）十一月、「南東北病院」から「総合南東北病院」へと名称を変更した。「総合病院」と名乗るために必要とされた事項が法律によって変わったためだが、これによって、脳神経疾患研究所の附属総合南東北病院となった。

総合病院は世の中にいくつもあるが、総合南東北病院は他の総合病院と違って、各科の横のつながりが柔軟だ。いわゆる「縦割り」ではないということで、内科と外科がコラボレーションで患者に向き合う流れができていた。

ところで、これによって「総合南東北病院」という名前の病院が、福島県郡山市と宮城県岩沼市の二つにできたことになる。少々ややこしいが、私はこの名称にこだわった。そして、結果的にはその名が東北地方でのブランドになっていった。

病院が大きくなってからも、黒い服の男は来た。

やって来るのは、開院のときのように私に嫌がらせをするためではなく、抗争中のヤクザや、暴力団から飛び出した一匹狼などだ。そうすると抗争相手や元の組の人間が来たり、警察が来たりするからやっかいだ。

そういうとき、私は部屋に呼んで一対一で話す。「ちょっと、あんた。あんたみたいにかっこいい人がうちに来ると、気の弱い人たちが来にくくなるし、病気なんだからさらに悪くなる。あんたは丈夫なんだから、来ないほうがいいよ」と。

もちろんヤクザだって病気になるのだから、病院に来るのはしかたないかもしれない。それでも待合室で「親分」などと呼ばれるとこちらが困るので、「子分を寄こすな」と指導した。

一度、長い棍棒を持って籠城されたことがあった。「入院をさせろ」という。警察も遠巻きにして見ている。誰も捕まえてくれないので、私が出ていき、一発怒鳴った。「出てけ。ここはお前らが来るとこではないんだぞ。お前は子分ひとりもいねえだろう。悪いけどあんたより俺のほうが子分はいっぱいいるんだかんな。みんな一人ひとり、食い扶持稼いで、患者さんを助けて、切った張ったしてんだ。具合の悪い人がいっぱい来るわけだから。助けようとして助かんなかった人もいっぱいいる」

出ていくとき、彼は「先生、薬ください」と言った。健康保険に入っていないので、原価になる。「なんぼですか」と聞くので、「金を持ってる分だけくれてやっから」と言った。相手がヤクザだと、出ていってもらうためにタダで薬を渡してしまう病院も多いが、私はちゃんとお金を取った。

二

クリニックや病院だけではない。平成三年（一九九一年）に「老人保健施設サニーホーム」を開設したのを皮切りに、介護老人保健施設（老健）、通所リハビリテーション施設、特別養護老人ホーム、デイサービス、ケアハウス、障害者支援施設、住宅介護支援事業所なども増やしていった。今でこそあちこちにある老健だが、当時はほとんどなかった。

平成八年（一九九六年）に老人保健施設の「ゴールドメディア」と「南東北訪問看護ステーション」を、平成十一年に「総合南東北福祉センター」を、平成十二年（二〇〇〇年）に「南東北在宅介護支援センター」を、平成二十年（二〇〇八年）には「南東北地域包括支援センター」を開設した。

その頃には国のほうからつくることが奨励されていたのでうちも開設したわけだが、うちのグループでは本質的な理念としてすでに整っていたことだった。ただ、新たに地域包括支援センターや介護支援センターなどをつくることで、よその施設や病院とも連携できるようにした。

総合南東北福祉センターは、高齢者と障害者のための総合福祉施設だ。特別養護老人ホーム、障害者支援施設、ケアハウスが軸となる。

介護のほうに事業を広げたのは、病気にかかる人にはお年寄りが多いからだった。お年寄りは病気と一緒に生きなくてはならないことも多い。だからといって、そういう人を常に入院させていたら、病院は機能しなくなってしまう。

私の病院がうまくいっていたのは、病気の急性期にスポットをあて、病院として救急医療をやってきたからだ。そうやって病院を常に回転させていたのだ。

お年寄りも急性期には病院で治療を受けるが、その後に行く所が必要になる。退院した後の行き先がないと、病院も機能しなくなる。そこで私はお年寄りの行き場所として、介護施設をつくったのだ。つまり、「病院と自宅の中間施設」である。

高齢化社会だから福祉施設をつくるのではない。人間の一生というサイクルに合わせた施設が必要だからつくるのだ。人は病院で生まれて、幼児期は小児科にかかる。大きくなって怪我をすれば整形外科に行く。齢を重ねれば、癌や成人病の予防医学も必要になる。高齢者になれば、生活のケアやリハビリが必要になる。それだけのことだ。

老健はつくったとたんに、あっという間に満杯になった。ある同業者は「あんまり焦んなよ。あれは満杯になるの難しいんだから。経営も大変なんだから」と言ってきたが、私は「いや、ご心配いりません。うちはすでに満杯になってますから」と答えた。先方は老健や特養をいくつも持っていたが、どれも定員に満たなかったようだ。

病院でも老健でも、満杯にするためにはノウハウがある。

病院なら、魅力のある病院にすることだ。清潔で、スタッフがちゃんとしていること。腕のいい医者や看護師をそろえて、患者さんに頼られる病院になるしかない。

具体的にどうすればいいのか。病床を少なくして看護基準を上げればよいと、よく言われる。けれども私はそうは思わない。病床を減らすと、限りなく少なくなってしまうからだ。ベッド数を少なくして看護師の数と濃度を上げれば、たしかに看護基準は上がるが、それでは看護料も上がってしまう。そうなると、患者さんがあまり来なくなってしまう。だから、ベッド数は減らさないままで、看護師を多くする。

といっても、看護師を集めるのは大変だ。そのため、少し時間はかかるが、私は看護学校の一年生のときから育てることにした。奨学金を出したり、見学会や体験会に呼んだりして、高校生のときから面倒を見るのだ。

また、いろいろな学校と提携して、うちで看護実習をやらせる。最近でこそそういうことをする病院も出てきたが、当時は少なかった。そして、看護師集めの達人が全国を回る。北は北海道、南は沖縄まで走りまわって人材を見つけてきた。

医者を集めるには、一人ひとり、しつこくしつこくしつこく、いろいろな機会を捉えて私が口説いた。それで一人か二人は来る。すると、釣られるように、また一人二人とやってきた。

実は、うちのスタッフには医者集めの達人もいる。看護師にしろ、医者にしろ、技師や医療事務にしろ、人材を上手に探してくる達人は、私が三十年かかって育てた。

身体障害者のための養護施設も、満杯になった。障害者を抱える家族は、どうしてもそれを隠したがったり、うちに閉じこもったりしがちだ。だから福祉に関する情報も行き渡らない。だから、こちらからそういう家庭に知らせるようにした。

すると、同じ悩みを持っている人同士のネットワークを通じて、体験入所やデイケアなどの利用者が増えていったのだ。

三

五十六歳の時、私にとって一つの転機が訪れた。手術の執刀をやめ、経営のほうに軸足を移したのだ。

きっかけは目だった。

十一年前のある日、薄暗い廊下を歩いているとき、私は目に飛蚊症が起きていることに気づいた。黒い小さな点が、目の中を飛んでいるのだ。

その数日後、私は最終電車で上京して羽田の東急ホテルに泊まった。翌朝一番の飛行機で鳥取の米子に行くためだ。午前中、鳥取大学で脳ドック学会の発表をすることになっていた。当時、私は脳ドック学会の役員で、本来は私の弟子が発表することになっていたのだが、彼の身内が亡くなったために私が行くことにしたのだ。

発表の直前に友人としゃべっていたときだった。まるで墨を障子にかけたように、目の中が真っ黒になった。硝子体出血（眼底出血）だとわかった。放っておけば失明する。それでも私は学会発表をこなした。

発表をすませてから、眼科の医者となっている娘に電話をかけた。だが、仕事中なのだろう。なかなか電話に出ない。しかたがないので会場の鳥取大学に眼科を紹介してくれるように頼み、松江日赤という京都大学の系統の眼科に夕方になって行くことができた。診察の結果、手術をしなければいけないという。しかもかなり危ない状態で、術後三日ぐらいうつぶせになって寝てなくてはならないという。

とりあえず東京まで帰ると、空港に娘と妻が迎えに来ていて、そのまま静岡の聖隷浜松病院に行くことになった。娘が尊敬する眼科医の海谷忠良先生に診てもらったのだが、「すぐ手術する必要ない」と言われて、その場でレーザー治療を施された。おかげで眼底出血は治り、網膜剥離も免れた。だが、今でも少し目の中が濁っている。

この件があって、私は考えた。いつまでも自分で執刀しなくてもいいのではないか。私の教えた医者たちは、ずいぶん上手に手術ができるようになった。だが、人を集めたりお金を集めたりするノウハウ、つまり経営は誰にも教えていない。手術は後継者に任せよう。これからは経営の後継者を育てよう。そう決断した。

ただし、私はその決意を誰にも言わなかった。

手術のとき、「先生、終わりました。先生の出番です」と言われても、「やっとけ」と言うようにした。次の手術のときも、「次、進みました。先生の番です」と言われると、「やっとけ」と言った。それを何回も繰り返しながら一年か二年過ぎた頃から、私にはいっさい報告はなくなった。こうして手術はやめた。

外来の診察は続けているが、今は経営者として、人を雇い、皆が働きやすい環境をつくることが大切だと思っている。医者や看護師、レントゲン技師、薬剤師、理学療法士、栄養士のほか、事務方も教育して、いい環境をつくる。そうすれば医者も働きやすいから専門を十分発揮することができるし、患者もたくさん来る。

今の私の仕事は、理事長・総長として、自分にいつ何が起きても大丈夫なシステムをつくることだ。幸い、私は適材適所に人を配置して、組織を動かすのが上手だ。腕のいい医者のなかには経営は下手な人間も少なくないが、私は経営にも向いていた。

心がけているのは、まずは事故を起こさないようにすること。そして、井の中の蛙の医者や技術者、看護師などに今の世の中のことを教えることだ。その指針となるガイドラインは、毎年つくっている。

ただし、経営に専念するといっても、医学の最先端の情報は常に仕入れている。そうでないと若い医者にしめしがつかないし、最先端の医者と対等にわたりあえないし、患者さんの紹介もできないからだ。

司馬遼太郎の『坂の上の雲』という作品がある。私の目標は、雲の上に出ることだ。湧いているたくさんの雲をくぐり抜けて、その上まで行けば、富士山も見えるし宇宙も見える。だから私は、坂の上の雲の、さらに上の雲に行きたいと皆にも常々言っているのだ。

四

平成十三年（二〇〇一年）、本院でＩＳＯ９００１　２０００の認証を取得し、その後、グループの多くの施設がこの認証を取得していった。

ＩＳＯというのは「インターナショナル・スタンダード・オーガナイゼーション」の略で、要は製造業の作業の世界標準化された工程表だ。いろいろな業種にＩＳＯ９００１があるが、それを取得すれば、工程に間違いがないと世界的に認められることになる。といっても、病院で取得するケースはほとんどない。四〇〇床以上の病院で取ったのは、うちが初めてだった。

もともと日本には、「公益財団法人 日本医療機能評価機構」という厚生労働省の外郭団体がある。その審査を通ることはとても難しいが、本院も岩沼の病院も一九九九年からその病院機能評価の認定を受けていた。問われるのは病院の質やリスクマネジメントなどだ。ただし、五年に一度しかチェックがない。

ＩＳＯの９００１にはもっと細かいチェックリストがあり、自分たちで毎日チェックをしなければ高い質を維持することは不可能なほど厳しい基準になっている。これを取得することで私が期待するのは、皆の意識の向上だ。これによってリスクマネジメントを徹底させ、質の高い医療を維持したいと考えている。

私は毎年一月四日に年頭の挨拶をする。その挨拶の中で、病院の一年間の基本方針を話す。例えば「入院率を一〇〇パーセントにする」とか「外来は一日平均一五〇〇人以上」「在院日数は十四日以内」など、昨年の実績を踏まえたうえで、全部で五〇項目ぐらいを掲げる。

もちろん、その進捗状態は私がチェックしていく。私だけではなく、公の機関からも一年に一度、検査する人が来る。もしもそこに不都合な事項がいくつかあると、ＩＳＯ９００１は取り消しになってしまう。その厳しい基準を保つことで、感染症や事故を防ぎ、死亡率を低くし、ＩＳＯのサーベイヤーの査定をクリアすることができる。毎年新年に掲げる課題のクリアが簡単ではないことはわかっている。それでも、ほとんど達成させることが大切なのだ。

平成十六年（二〇〇四年）、本院の附属として「南東北眼科クリニック」を開院した。院長は私の長女・奈美江の伴侶だ。娘が副院長で、二人一緒に毎日手術をこなしている。奈美江は、安積女子高校から藤田保健衛生大学医学部に進んだ。最初のうちは私と同じ脳外科に進むと言っていたが、私が反対したこともあって途中であきらめたようだ。

そこで形成外科を目指した。そして眼科形成をやっている優秀な医師を私が紹介して聖隷浜松病院に行ったのだが、結局のところは眼科を選んだ。ついでにその眼科で伴侶もつかんでしまった。私に似て、手先が起用で、しかも弁が立つ。仕事も三人の子の子育てもぱっぱっぱっぱとやっているようだ。

平成十八年（二〇〇六年）六月、岩沼の病院の法人名称を「医療法人 南東北病院 附属総合南東北病院」から「医療法人 将道会 総合南東北病院」に変更した。「南東北病院 附属総合南東北病院」ではいかにもややこしいからだ。将道というのは「リーダーの道」という意味で、私が名づけた。

その医療法人として、東京に進出することにした。郡山にある本院のほうは民法三四条でいう福島県の財団法人だから県外には進出できないが、医療法人なら全国に展開できる。それで平成十八年十月、東京駅の丸の内側に「東京クリニック」を開設した。クリニックがあるのは大手町、つまり東京の中心だ。アンテナの機能を果たさせるために、東京の中心に進出したわけである。

東京に進出した理由の一つは、当時すでに福島県の人口が減っていたことだ。福島だけではなく、日本全体で人口が減っていた。増えているのは五大都市だけ。特に東京、神奈川、埼玉に人口の四分の一は集中していた。人口が少なくなると、患者も少なくなる。特に脳腫瘍のように一〇万人に一~五人しか罹らない病気の場合、人口五万人の都市では年間に二~五人ぐらいしか手術はない。それでは脳外科は立ちゆかないのだ。

ところが前にも述べたように、東京クリニックはひどい赤字続きで、まもなく累積赤字二〇億円になり、宮城県から目をつけられるはめになった。赤字がひどすぎる場合、法人取り消しになる可能性がある。

そのころ私は、あいおい損保の附属クリニックである永田町クリニックの理事長も引き受けていた。法人名は「健貢会」。ところが、この永田町クリニックも大赤字だった。丸の内のオアゾのクリニックも永田町クリニックも大赤字だったため、オアゾの近くにある新大手町ビルの地下二階から地上階までを借りて、永田町クリニックを合併したうえで、そこに移った。将道会という名称は返して、健貢会に統合したわけだ。だから医療法人財団東京クリニックは健貢会という法人名である。

その結果、「東京クリニック」も軌道に乗った。

東京クリニックのほかに、「メディコンパスクラブ」という名の会員制の株式会社のクラブもつくった。会員になると、一年に一回の人間ドックで、最先端の医療機器を使って頭のてっぺんから足の先まで診てもらえる。

二十四時間態勢で健康相談に応じるし、実際に疾患が見つかれば、医療コンシェルジュがサポートする。外国に行くときには、渡航先の病院に紹介状を書いてもらえるし、入院の手配もしてもらえる。

個人は一〇〇万円、法人は二〇〇万円の入会金と、毎年四二万円の年会費を払うが、東京でこのようなサービスを提供するクリニックのなかでは、けっして高いほうではない。

「メディコンパス」というのは、医療の羅針盤という意味だ。医療の羅針盤というのは「誰に診てもらえばいいのか、何を使えば助かるのか」を示すものだ。その羅針盤を求めて全国からも全世界からも人が集まっている。このメディコンパスの概念を、これからは世界で展開していきたい。

職員が七〇人いて家賃が年間三億円もかかるので、五年間で累積赤字が二〇億円もたまったが、なんとか黒字に漕ぎ着けた。

東京クリニックは、今はデューク大学脳神経外科教授でカロライナ神経科学研究所の頭蓋底センター所長でもある福島孝徳先生がいずれ日本に帰ってきたときに、日本の治療拠点としてもらうつもりだ。今も時々帰国しては日本のあちこちで手術をしているが、「神の手」と呼ばれる福島先生に、日本のど真ん中でその技量を生かしてもらうのだ。

今もすでに福島先生は月に一度東京クリニックに来てくれているし、総合南東北病院でよく頭蓋底などの手術をしている。頭蓋底手術は、脳の中で一番難しい。福島先生はこの手術では、世界のナンバーワンである。

民間初の陽子線治療

一

私の敵は「人」ではない。「病気」だ。だからこそ、医師会やら病院やら国やらを相手にした闘いが終わっても、真の闘いはずっと続くだろう。

脳卒中がずいぶん制圧された今、大きな敵は癌、そして心臓血管病となった。今、脳卒中になる人は年間に一〇〇万人ぐらいいるが、死に至るのは一二万人ぐらい。それに比べて、癌は毎年七〇万人ぐらいが罹り、その半数が死亡している。

私は最初の開院の頃から脳卒中に関する講演をしていたが、全国的にも塩分を減らせという予防法が広まったこともあって、脳卒中の患者はずいぶん減った。近年増えてきたのは脳梗塞だ。それは平均寿命が上がって動脈硬化症になる人が増えたせいである。だから、今は動脈硬化を防ぐための講演活動を続けている。症状が出て病院に来てからでは遅いのだ。病気は早期発見、早期治療に尽きる。予防医学は本当に大切なのだ。

私の敵は脳卒中から癌へと移り、特に悪性脳腫瘍をいかに治療するか、ということが課題となった。私は癌の治療で世界一になろうと思った。

日本人は手先が器用なこともあり、癌の治療でも外科手術が主流だ。だがその結果、諸外国に比べて「放射線治療」が遅れをとってしまった。かつて日本人に最も多かった胃癌などでは、たしかに手術は有効だ。だが欧米型の食事になり、がんのタイプが変わってきた今では、手術だけではなく放射線治療も効果的な治療法なのである。

しかも、例えば癌が顔にできた場合、手術では痕が残ってしまい、患者さんにとってはその後の社会生活に支障をきたすことがある。放射線治療であれば、その心配はない。にもかかわらず、放射線治療への認識はずいぶん薄い。

悪性腫瘍を治すには、化学療法（抗がん剤治療）もそうだが、手術でも限界がある。一方、放射線治療にはまだまだ可能性がある。だからこそ、私は放射線の治療に二十年も前から着手していた。

癌治療の究極を求めた結果、私は「粒子線治療」に行き着いた。脳の悪性腫瘍には、特に効果的だ。

この放射線治療については三十年も前から興味があったものの、当時は五〇〇億円かかると言われていた。しかも、加速器（原子核を加速する機械）などの設備は巨大だから、東京ドームの半分ぐらいのスペースが必要だった。

いつか病院がもっともっと利益を上げたら、親兄弟の土地を譲ってもらってでも購入したい。だが、私がその夢を語ると、きまって「民間の病院が手を出せるものではない」と言われた。導入には、設備の小型化、それに伴うコスト減を待たなければならなかった。

実際、設備が少し小型化され、コストが少し低くなっても、導入するのは公的な予算をもらえる大学など官公立の機関ばかりであった。しかも、主な目的は治療ではなく研究として運用されていたのである。そのため、治療を受けたくても受けられない患者さんが多かった。

私は脳外科医だから、本当はガンマナイフが欲しくてたまらなかった。

ガンマナイフもまた、放射線によって脳腫瘍や脳血管障害を治療する特殊な治療装置だ。二〇一本のガンマ線がさまざまな角度から病巣に集中して照射されることで、脳の大切な機能を残しつつ、深いところにある癌細胞を徐々に凝固させて、壊死に至らせることができる。

癌細胞だけを狙い撃ちにできる画期的な装置で、東京大学医学部付属病院が一九九〇年に初めて導入していた。

四、五人にひとりの割合で頭に転移してしまう種類の癌がある。かつては三個以上の癌細胞が脳に転移すると、「もう治しようがありません」と言うしかなかった。だが、ガンマナイフがあれば、一個でも一〇個でも一〇〇個でも、一日で治すことができる。

ただし、ガンマナイフは機械単体で六億～七億円もする。そのうえガンマ線を出す機械だから、壁の厚さが三メートルぐらいの部屋が必要で、その建物を含めれば一〇億円もかかる。高価すぎてなかなか買うことができなかった。

それでガンマナイフはひとまず諦めて、まずは別の放射線治療装置である「リニアック」を買うことにした。

当時、リニアックではあまり癌の治療はされてこなかった。私はリニアックにX－ナイフというものを入れて、脳腫瘍用のX線の照射ができるようにした。そうすると、脳の手術だけではなく、いつか癌の治療をするようになったときにも使えるからだ。

不思議なことに、リニアックによるX－ナイフを導入したところ、脳腫瘍の患者が来るようになった。ただし、癌のなかでも難しい症例が全国から集まるわけだから、対応するほうも大変だ。だが、これによって諦めていた癌患者に希望を持たせることができた。

そのかたわらで、三十二億円ぐらいをかけて、ＰＥＴ－ＣＴを五台購入した。ＰＥＴ（陽電子断層撮影法）では、癌の早期発見、治療成績判定への効果が期待できる。

通常の病院ではせいぜい二、三台しか入れておらず、世界でも五台持っている病院はないから、日本国中がびっくりしたようだ。だが、がんの種類によっていろいろな検査ができるようにするには、どうしても五台必要だったのだ。

ちなみにＰＥＴを入れている病院は全国で一〇二ヵ所あるが、二台か三台でもみな赤字になっている。うちだけは五台入れたにもかかわらず、黒字になった。それは、高価な機械を購入しただけではなく、それを読む専門家や営業にも力を入れたからだ。

営業活動としては、私が講演会や各病院でレクチャーしたり、わざわざ女性の営業を男性の医者に差し向けたりしたことが大きかった。

ただし、そこまできて少し不安になった。もしも私を敵対視する病院がサイバーナイフも導入することになったらこちらは大打撃だ。

そこで思い切って、ガンマナイフとサイバーナイフの両方を入れようと決意した。

サイバーナイフというのは、ガンマナイフと同じように多方向から放射線を集中照射する装置である。ガンマナイフと違うのは、X線を使うこと、照射をロボットがすること、頭だけではなく首まで治療できることなどだ。患者さんへの負担も小さく、ガンマナイフの短所を改良した、より優れた機器である。

ただし、両方を購入するとなると、二〇億円もする。安い買い物ではない。少し躊躇していると、幸か不幸か、サイバーナイフのほうは事故があって製造中止になってしまった。だから、結果的にガンマナイフだけの購入ですんだ。平成十六年（二〇〇四年）のことだ。

これで、癌の放射線治療ではナンバーワンを目指せるようになった。

二

そして、粒子線治療の一種である「陽子線治療」の導入を決意した。国内では六台目で、民間初である。

陽子線治療は、水素の原子核である陽子を光速近くにまで加速し、それで癌細胞の核の中にあるDNAの鎖を断ち切る。従来のX線やガンマ線治療では、体表面近くで線量が最大になり、体内に入るに従って徐々に線量が減少してしまう。つまり、癌細胞に届くときには威力が落ちているわけだ。

一方、陽子線は止まる直前に高い線量を体内に落とすため、健康な細胞にあまり影響を与えずに、癌細胞を狙い撃ちすることができる。抗癌剤のように副作用はなく、切らずに外来で治療できるため、患者さんへの負担が軽いことも特徴だ。

ただし、胃や大腸などの消化器系の癌には使えない。陽子線で治療できるのは、頭頸部、肺、肝臓、前立腺、膀胱などの原発生癌や、直腸癌術後の骨盤内再発、単発生の転移

民間初、陽子線治療のサイクロトロン

性腫瘍などだ。

私はすでに陽子線治療を導入している施設を見学して回った。国立がんセンター東病院、兵庫県立粒子線医療センター、静岡県立静岡がんセンターのほか、アメリカのMGH（マサチューセッツ総合病院）やロマリンダ大学へも見に行った。

加速器を入れる広いスペースは必要だが、かつてと違い、東京ドーム半分などという広さは必要なくなっていた。コストもかなりダウンしている。とはいえ、初期導入だけで一〇〇億円の投資だ。一年間にメンテナンスで八億円、電気代に一億円、なんやかやで約一一億円が必要だった。しかも治療には一人三〇〇万円近くかかるが、先進医療だから保険がきかない。

果たして患者が来るのか、採算は取れるのか、とあやぶむ声も聞かれた。だが、私はあえてリスクを取った。この装置で、これまで治らなかった癌が治るのだ。治せる癌は、なんとしても治したい。その一念だ。

平成二十年（二〇〇八）十月、郡山の本院と同じ敷地内に「南東北がん陽子線治療センター」を開設した。地下一階・地上四階の建物の中に、治療を待つ人が快適に過ごせるような個室も備えた。世界でも初の、民間病院による陽子線治療施設であった。

官公立の施設と違って、私がやりたいと思えば、誰の許可も取らずに機器を導入することも、施設を拡充することもできる。その柔軟性と瞬発性は、民間病院ならではだろう。しかも隣接して総合病院があるのだから、他の診療科とすぐに連携をとることができる。実際、癌の患者さんが痛み止めの薬を飲み過ぎて応急処置が必要になったときも、素早く対応して大事に至らなかったということもあった。


私は陽子線治療センターのセンター長として、愛知県がんセンターにいた不破信和先生を迎えることにした。

不破先生は愛知県がんセンターの副院長であり、放射線治療部の部長でもあった。長年頭頸部の癌の治療に従事しながら、陽子線治療の可能性に期待をかけていた。だが、いくら陽子線治療の導入を訴えても、いつも経済的な理由から却下される。忸怩たる思いをしていたときに、郡山に陽子線センターができたと知って見学に来たのだった。

実はそのとき、ようやく名古屋でも陽子線治療施設の計画が立とうとしていた。だが、実際に治療が始まるまでには数年かかる。すでに五〇代半ばだった不破先生は、すぐに始められるほうを選び、郡山に来てくれたのだった。

保険のきかない高い治療費を払って、はたして患者さんは来るのか。そんな心配を払拭するように、開設してから一年間で三五〇人近い患者さんがセンターに来た。いまや順番待ちにまでなっている。六台あるPET－CTのうち一台は、検診用ではなく陽子線治療後に治療効果を確認するための専用に使っている。

そして総合南東北病院は、がん陽子線治療センターとの連携も含めて、「民間初の陽子線がんセンター」として知られるようになっていった。

三

平成二十二年（二〇一〇年）四月、東京都中野区に「東京病院」を開設した（その後、名称は「総合東京病院」に変更）。その三年前に、介護老人保健施設・介護老人福祉施設・障害者支援施設などからなる「東京総合保健福祉センター江古田の森」を開設していたが、その目と鼻の先の場所だ。

東京総合保健福祉センター江古田の森は、全国公募に応募してできた施設だ。最初にスタッフから「先生、手を挙げさせてください」と言われたときは驚いた。「私たちに夢を持たせてください」と言うスタッフに、私は言った。「冗談も休み休み言え。東京だぞ。五〇億円だぞ。何語ってんだ」と。すると、「いや、先生、心配するな。全国公募だから、当たりっこないから」と言う。

実際、近くには板橋中央病院や昭和大学など、東京に拠点のある大きな病院がたくさんあった。それで、「当たんねえならいいか。夢くらいならしかたねえな」と言ったのだが、それが当たったのだ。公募だから審査がある。こちらは特別なことはしない。できないことを書類に書くことはないし、我々が郡山でやっていることをただ再現するというだけだ。そして、審査に通った。

退院したお年寄りの行き先を確保することが、病院を機能させる秘訣だということは前述した。もともと東京で一五〇床以上ぐらいの病院が欲しいとは思っていたが、東京病院を中野に選んだのは、隣りに江古田の森という巨大な介護施設があったからだ。

きっかけはすでにあった社会福祉法人慈生会から、既に不動産に売却されようとしていた慈生会病院を引き継ぎ、二五〇床の病院としてオープンしたわけである。買い取り金額は五〇億円。ただし、建て替えなければならなかったため、さらに一〇〇億円ぐらい投資を予定している。

この東京病院を急性期のための五〇〇床以上の病院にして、東京で臨床におけるナンバーワンにしようと思った。

実際、名前も変えてのリニューアルオープンから、二年足らずで八〇床から二五〇床に、外来患者は一〇〇人ぐらいから四〇〇人近くに増えた。医者も約一〇人から三三人に、看護師も八〇人ぐらいが約二倍に増えた。人数が増えたと言っても、看護師はほとんど入れ替わっている。こちらが辞めさせたわけではないが、前にいた人たちは技術についてこられなかったために、ほとんどが辞めてしまったのだ。

どこの病院でも医者や看護師の不足に頭を悩ませているから、「辞める」と言われると引き留めるものだ。そのため、質の低い人間でもそこに留まることになり、医療のレベルが下がる。だから私は無理に引き留めたりはしない。

うちが引き継ぐ前は、一ヵ月に八〇〇〇万円、一年で一〇億円の赤字病院だったが、一年ほどでプラスに転じさせた。トータルな医療や救急医療など、いずれは最先端の医療を担うはずだ。

東日本大震災

一

平成二十三年（二〇一一年）三月十一日十四時四十六分、東北地方太平洋沖地震が発生し、巨大津波が東北地方太平洋沿岸を襲った。東日本大震災だ。

その瞬間に手術をしていた病院ももちろんあった。とりあえず肝心なところだけを処置して縫合し、三日後ぐらいにやりなおした手術がいくつかあったと後から聞いた。

私はその日、大手町の東京クリニックにいた。東京も交通網が麻痺して大混乱だったから、その夜は私も含めて三十人ぐらいがクリニックに泊まった。出てすぐのコンビニエンスストアの食料品はすべて売り切れ、目の前の永代通りは人で溢れていた。

翌朝、電車やタクシーを乗り継いで福島に向かったが、本院のある郡山市までたどりつくことができたのは発災から丸二日後だった。

福島への帰路では電話連絡ができなかったので、気が気ではない。なにしろ経験したことのない災害だ。預かっているのは病人、けが人、お年寄りなど弱い人々ばかりなのだから、患者さんへの対応がきちんとできているかどうかがとにかく不安だった。

郡山の本院に到着するなり、各担当者から状況報告を受けながら院内を回った。幸いなことに、備品の破損や断水による影響は多少あったものの、診療・治療をするうえでの致命的な損害は被っていなかった。

翌日から急患の受け入れも含めて、ほぼ平常どおりの診療態勢をとることができた。

ただし、グループの中で一ヵ所だけは、大変な事態に直面していた。

岩沼の総合南東北病院は、津波で機能不全に陥った仙台空港の近くにある。病院のスタッフでは、産休をとっていた看護師と、その子どもが津波にさらわれた。

幸いにも自動車道が防波堤となり、ギリギ

東日本大震災直後の病院内の様子

りのところで病院の建物は津波の被害に遭わなかった。そのため、周辺の公共機関や医療機関が機能停止に追い込まれていくなかで、数少ない被災者受け入れの施設として医療活動を続けることはできた。

とはいえ、津波は駐車場まで来ていた。震度六弱の揺れで機材が散乱した院内は、避難してきた被災者で溢れた。備品は破損し、電気・水道・ガスなどのライフラインは停止。家が流されてしまったスタッフも二〇人ぐらいいた。その人たちは病院の寮に家族で泊まっていた。自らが被災者となったスタッフたちが、助けを求めてやってきた被災者をケアしていたわけだ。

人手不足のなかでもスタッフは懸命に対処したが、異常事態にあって体力の消耗は避けられない。しかも交通網の寸断で、医療品や食料品も不足した。これでは満足な医療など提供できない。

救援物資を待ってはいられないから、自前のトラックを出して関東から不足物資を取り寄せた。一日に二往復したときもある。とにかく皆が必死だった。

後になって、病院の隣に仮設住宅が何百戸も建てられた。

二

郡山の病院の医者のなかには、宮城県の石巻出身の人もいた。震災後すぐに駆けつけた後、私に電話をかけてきた。「死体確認をしてほしい」と警察から引き留められているという。私は「お前の故郷の人たちだから、できるだけのことはやってやれ」と言った。「わかりました」と言った彼は、故郷で一週間、次から次へと運び込まれてくる死体の検死を続けた。

だが一週間ぐらい過ぎた頃、「もう帰りたい」と言ってきた。死体は腫れて膨らみ、医者として診てももうわからないという。心身ともに疲れ果てたのかもしれない。五〇〇〜六〇〇体の検死をして、彼は戻ってきた。

宮城県・三陸の志津川町には、南東北医療クリニックの院長代行をしている中澤敏弘先生の実家があった。ほとんどすべての家屋が津波でさらわれてしまった地域だ。震災の後、行きたくてもガソリンがないという彼のために、私は伝手をたどって往復分のガソリンを調達した。物が不足しているときは、日頃の人脈が役に立つ。

薬や医療器具、食べ物や水を車に入れてやって送り出したところ、しばらくして衛星電話で連絡が来た。家は流され、親御さんも亡くなっていたという。二日ぐらいして彼は戻ってきた。

私は避難所となっている体育館にボランティアを派遣した。中澤先生のほかに医者をもう一人、看護師二人、そして研修医の五人だ。そのチームを五日ぐらいずつ、三回ほど一ヵ月弱のうちに出した。

ボランティアとして行った研修医の中に、ひとりのブルネイ人がいた。東京医科歯科大学を卒業し、四月から私の病院に初期研修で来ようとしていた二十六歳の女性だ。名をシェイクスピア・ノーシャリナという。三月十一日にはブルネイに帰っており、報道を見て「よりによって自分が行こうとしているときに、こういう大事故が起きるなんて信じられない」と驚いたという。

彼女の家族もブルネイ大使館も、こぞって「行くのはやめなさい」と忠告した。だが彼女は、「定規で地図を測ったところ、原発からは五十キロ以上離れているようです。危険ではないはずだから、私は行きます」と主張した。「困っている所に行って医療行為をするのが医者としての使命です。私が行かなくて誰が行くのですか」と言ったという。

当時、福島からは若い医者も看護師も脱出する人が絶えなかったのに、それと反対の行動をとろうとすることに、私は感激した。

彼女はその言葉どおり、震災のゴタゴタが覚めやらぬ日本に戻って来て、東京の八重洲口からバスでうちの病院に来てくれた。まだ高速道路が使えないときだ。私は異国の若い女性に、自分と同じ医者の魂を見た。

そして、私が三陸にボランティアを派遣しようとして「研修医も交代でつけてやる」と言ったときに、「一番先に私を行かせてください」と言ったのがシェイクスピアだった。

そんなバタバタが続く五月二十五日、秋田大学で恩師だった古和田正悦先生が亡くなった。先生は一週間に一回は仙台の実家に帰っていたのだが、運悪く東日本大震災のときにも帰省していた。

それで調子を崩してしまい、連休が開けてしばらくしてから、眠るようにして亡くなったのだ。八十歳だった。秋田大学をリタイヤしてからは、十五年間も私のところで勤めてくださっていた。

三

地震の被害も大きかったが、何よりも福島では東京電力原子力発電所の爆発事故の影響がひどかった。

私たちは三月十二日から、地面と建物の外側と室内の放射線量を測った。朝・昼・晩の三回だ。もともと病院には放射能機器がたくさんあるので、三年前から二十四時間つけっぱなしの放射能測定器が院内に五台あった。

私たちは周辺住民のために、放射能測定器で得た値をホームページに掲載することにした。実際、爆発事故の後は数値が急激に上がっていた。そのため、福島出身ではないスタッフのなかには、地元に戻っていった人もいる。震災直後、二人の医者と数人の看護師は、連絡もなく去っていった。

四月か五月になってから、病院に併設されている保育所で放射性物質の除染をした。一言で除染といっても簡単なことではなく、場所によってはなかなか線量が下がらない。だが必死にやったことで、保護者が「そこまでやってくれる」と安心してくれた。

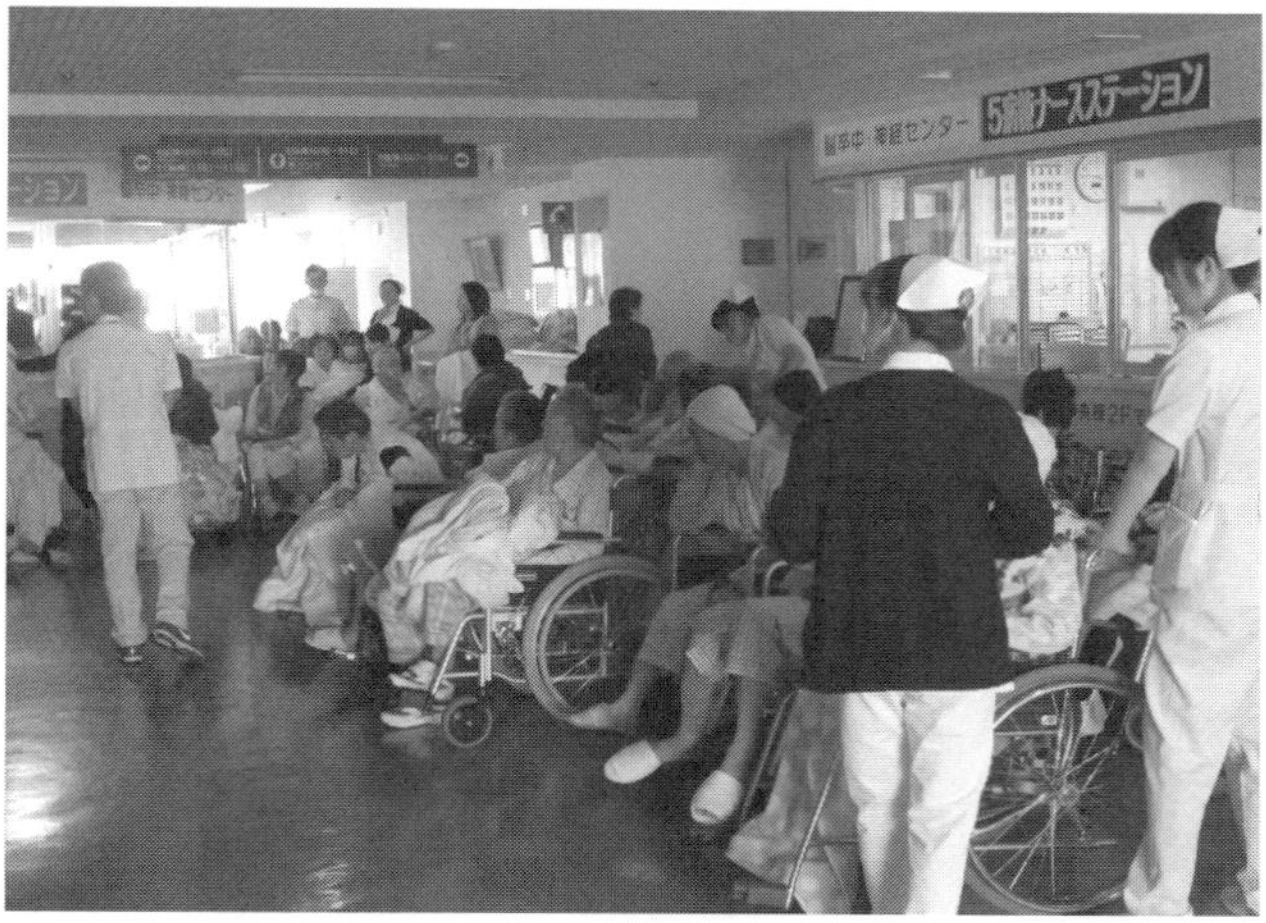

患者さんたちの避難誘導もスムーズにできた

実は、福島第一原子力発電所から三十一キロメートルの所に、グループの診療所が一つある。そこに勤務していた医者は、逃げることなく、休みも取らず働いていた。人々が混乱するなかでも、自分にしかできないことがあると言って診療の継続を訴えて来た。

そこで私が現地に行って放射線量を測定したのだが、その結果、郡山市よりも汚染濃度が低いことがわかり、スタッフは皆安心して診療を継続することができた。

私は放射性物質の影響について、専門家による講演を頻繁に開催した。それでスタッフも安心してくれたようで、それからは去っていく人はいなくなった。

結果的に、南東北グループの一〇〇ぐらい

ある施設で、壊滅的な被害を受けた所はなかった。もちろん大きな地震だったから部分的には壊れたし、補修には三億円ぐらいかかったが、ほぼ経済的な損失だけですんだのは幸いだった。

ただし、地震保険に入っていなかったのは痛かった。あの日から、福島県では毎日のように地震が起きている。

東日本大震災で、福島県は日本で初めての大きな「被曝」を経験した。被曝というのは放射線にさらされることであり、原子爆弾による「被爆」とは違うが、拡散した放射性物質が悲劇をもたらしたという意味では少しも変わらない。

福島県内の病院で勤務を希望する人は減った。経営破綻に追い込まれた病院も少なくない。福島県全体で、医者が一〇〇人以上、若い看護師は二〇〇〇人ぐらい逃げた。

ある病院では、スタッフのみならず、理事長までが福島を去った。その病床はすべて私たちが引き継いだ。

病院の数が減ったこともあって、総合南東北病院の患者さんは増えているが、手放しで喜べるわけがない。私の病院でも、震災後の数ヵ月間で十人の医者と二十数人の看護師が辞表を提出している。近隣の病院よりははるかに少ない人数だが、常にフル回転している病院だから、患者さんにとって少なからぬ打撃になってしまう。任期を終えた人の交代要員をどう確保するかなど、多難な前途が容易に予想できた。

世界の人は、もはやフクシマは人の住める地ではないと思い始めた。北京大学にいる私の弟子のバォ教授からは、「先生のために広大な土地と屋敷を用意するから、いつでもいらっしゃい」とすぐにメールが来たぐらいだ。

私には「そうではない」と知らせる義務がある。だから海外で講演するときは、講演テーマに関わらず、いつも必ず福島の安全性を訴えている。

四

福島県を救うためには、具体的なことをしなければいけない。私は「放射能危機を考える会」を発足させた。郡山市を中心に、医療、法曹、研究、教育、商工などに携わる有志を集めて「フクシマを救おう！」という署名運動を始めた。

署名運動で掲げた内容だが、まず、福島県の十八歳以下の子どもの医療費を無料にすること。それと同時に、放射線被害に対応できる最先端の医学を確立するために、研究を推進する仕組みづくりも必要だ。

また、福島県では期間限定で無税にすることも提案した。一度県外へ避難した人たちが数年して帰ってきたいと思ったとき、福島に職がなければ困る。雇用を生み出すためには企業が必要だから、法人税を無料にするのだ。そうすれば、世界中から工場が来るだろう。所得税や消費税も無税にすれば、可処分所得が上がって、住民の生活レベルも向上するはずだ。

福島にやってくる企業は、医療に関係した分野がいい。私は福島にメディカルシリコンバレーをつくりたい。ロボット、医療機器、薬などをつくる企業が集まって、これまで世界のどこにもなかったような場所をつくるのだ。海外からも人材が集まるような学術・研究施設をつくり、研究成果を世界に向けて発信する。

その研究施設と連携する製薬会社や医療機器メーカーが、最新の薬や機器を開発・製造しながら、雇用を生み出すのだ。

このような医療クラスターは実はこれまでにもあちこちでつくられてきたが、成功例は少ない。だが、それは既存の施設や周辺環境との折り合いに問題があったからだと私は分析している。そうであれば、一度破壊された福島だからこそ、ゼロからつくり上げる医療クラスターが成功する見込みはあるはずだ。

医療に限らない。土壌が汚染されてしまっても、農業をあきらめないことを提案したい。土をいっさい使わない水耕栽培を実現するために、最先端の技術を福島に結集させればよいのだ。

一度ついてしまったマイナスイメージを払拭するためには、エンターテインメントの施設をつくることも必要だろう。カジノだっていいではないか。

これらのことを実現させるためには、福島を「特区」にする必要があるだろう。永久に優遇しろとは言わない。公的なサポートへの依存が高まれば、むしろ本来の復興からは遠くなる。だが、一時的には特区が必要だ。外国人医者の診療を可能にすることも、そのなかには含まれる。

放射線は平和に利用されなければならない。放射線によって過酷な状態に追い込まれた福島だからこそ、医療における放射線の平和的な利用を積極的に進めるべきなのだ。

具体的には、後述する「中性子治療センター」の確立だ。特に、陽子線が対応できないほど小さくて体内に散らばってしまった癌細胞を、中性子で攻撃する「ホウ素中性子捕捉療法」に期待をかけている。

署名の目標は二〇〇万票で、集まったら総理大臣に提出することにした（平成二十三年十一月十七月、五十二万人分を官房長官に提出）。

こうやって福島県を盛り上げなければいけない。我々の病院は残って、踏ん張る。みんなの気持ちが真っ暗なときにも、明るい存在になるのだ。

私は毎年の成人式で、色紙に言葉を書いて成人になった職員に贈っている。二〇一二年は「絆」にした。二十歳になった二十二人に、心を込めて額を手渡した。

三十年、そして新たな地へ

一般財団法人 脳神経疾患研究所全景

一

平成二十三年（二〇一一年）十二月四日、総合南東北病院は三十周年の式典を開催した。場所は郡山市一番の老舗ホテル・ハマツで、出席者は約八〇〇人。出し物は全部私が企画した。そういうことが得意なのは、大学時代から変わらない。開院式のときと同じように、渡部恒三先生も来られた。

開院時から三十年間、ずっと勤めてくれた人は八人。三十年前に、今の病院の姿を想像したスタッフはいなかっただろう。

いつのまにか、高度病院施設が五ヵ所、慢性回復期病院が四ヵ所、介護施設が八ヵ所、アウトリーチ診療所が一〇ヵ所、訪問看護ステーションが七ヵ所……全部合わせれば一〇〇近い施設を持つ総合的なヘルスケアシステムが構築されていた。スタートは福島県だったが、宮城県、青森県、東京都、神奈川県へとエリアも広がった。

七十歳近くなった今も、相も変わらずフルスケジュールだ。スケジュールは二年先まで決まっている。

二〇一二年初頭時点の週間スケジュールを記してみよう。

月曜日は、朝八時から八時半まで本院のドクターミーティング。三、四人の医者と個別面談をする。

八時半から朝礼。職員が三〇〇～四〇〇人集まる。私は一ヵ月に二回、二十分ぐらいの講話をするほか、辞令交付や救命救急士などへの修了証授与式などを行なう。

九時から九時半までは、いろいろな部門から相談や報告を受けたり、新しい人を紹介されたりとさまざまな面談だ。九時半からは外来診察で、三〇～六〇人ぐらいを診る。それが終わると、業者などとの面談がほぼ三十分刻みで二時頃まで続く。職員からの報告や相談も受けていると夕方になる。

夕方は東京や郡山でいろいろな委員会に出席することが多い。たいていは会食も含まれる。場所が東京なら、郡山から電車で一時間半かけて駆けつける。

そして九時四十分の最終の新幹線に乗って、十一時頃に帰宅する。

火曜日は、朝一番の電車でまた東京に行く。

中野の総合東京病院で八時十分から医者の面談、八時半から九時までは朝礼（私の講話や授与式など）だ。

九時から看護師ミーティングが三十～四十分。終われば医者の面談や面接、報告などを十五～二十分。

十時から一時間半ぐらい、経営・運営委員会を開く。総合東京病院のスタッフ、二〇一二年オープンの新百合ヶ丘総合病院のスタッフ、それに本院の応援部隊が総勢三〇人ぐらい集まって、進捗状況を報告したり、私からの指示を受けたりする。

十一時半頃からは、昼食をとりながら、十五分か二十分ほどの小刻みの報告や相談を受ける。

午後一時から三時ぐらいまでは、新しい病院の新規採用へ応募してきた人への面接。医者はもちろん、看護師、放射線技師、検査技師、理学療法士など職種はさまざまだ。

夜は医者の人事で大学の教授と会食しながら協議することもあり、再び九時四十分の新幹線で郡山に帰る。

水曜日は、郡山の本院で七時五十五分から九時まで朝のカンファレンス。外部から教授クラスの講師が来て、専門的な講義を受けることも。医者全員と課長以上の職員など、だいたい二〇〇人くらいが聞く。それが月に二～四回だ。

カンファレンスがないときには、七時五十五分から私が座長で抄読会や症例検討をする。

その後は各課の報告事項だ。例えば現在何病棟に何パーセント入って空きベッドがどうなっているかとか、救急の心臓手術を何例やったとか、外来患者の人数などがすべて発表される。「今度薬がこう変わります」などの薬剤情報提供もある。

そういうことが週に二回。

第一木曜日は、東京クリニックに行き、一日中外来の診察だ。

月の最終木曜日は、本院で最高会議を七時半から九時まで開く。出席するのは五〇人ぐらいだが、全グループの院長、常務、事務長、総看護師長が集まって、実績の報告などを行ない、そこで最高決議がある。

終わると九時半にタクシーが待っているので、五ヵ所のいろいろな施設に行き、それぞれで経営のための拡大会議をやる。福島県内だけだが、川俣、三春、春日、泉崎と離れているので、高速道路を使っても片道一時間近くかかる所もある。

夜、東京で用事があるときには、新白河から四時十五分の新幹線に乗ると、東京に六時半に着く。

金曜日は、朝のカンファレンスの後に日和田で大きな拡大会議を開く。十二時三十二分の郡山駅発仙台行きに乗り、岩沼の病院に行って二時から拡大会議だ。終わった後は医者の面談やいろいろな連絡をして、五時には病院を出る。仙台から六時半頃の電車で郡山に帰ってくる。

土曜日は、東京クリニックで朝八時から会議、九時から朝礼、九時半から外来診察をやって、終わり次第江古田の森や総合東京病院で拡大会議をする。終わるのは夜で、それから郡山に帰る。

日曜日は、だいたい毎週一時頃から全国で講演がある。多いのは癌の最先端の治療法の啓蒙活動だ。

郡山を十時頃に出て、一時から講演、終わるのは五時過ぎになる。七時頃の用事に間に合わせ、また九時四十分の電車で帰る。

一ヵ月に一度、月末の水曜午後六時から八時まで、「ナベ塾」というのを開いている。塾生は約七〇人で、我々のグループ内で推薦された四十歳以下の研修医、事務職、看護師、介護士、栄養士、薬剤師など、いろいろな職種のスタッフが全国から集まる。

一年間で十二回出席してナベ塾を卒業した人は、幹部候補生になる。

新幹線の定期を持っているが、よく「それなら東京に泊まったほうがよくないですか」と聞かれる。だが、最終電車に間に合うように帰ることで、生活にけじめをつけているのだ。お酒も飲まないので、身体をこわさない。

昔と違って、今は誰かと飲みに行くということがほとんどない。開院した頃はなるべく人と会うようにしていたし、誘いは絶対に断らなかった。だが、五十歳前後からは、ほとんど酒の付き合いもしない。

とにかく忙しい。金勘定もしなくてはいけない。職員が泣いていれば「どうしたんだ」と声をかける。廊下ですれ違う掃除のおばさんにも声をかける。そういうことは、やりすぎてもだめだし、やらなくてもだめで、さじ加減が微妙なところだ。

スタッフを集める苦労は身に染みているから、人を大切にしたいというのは私の信念だ。だから、人を雇うときにも、福島県の施設のほか、総合東京病院、東京クリニック、新百合ヶ丘では、最終選考に残った全員を、私自ら面接して決める。医者や看護師ばかりでなく、受付もだ。

なぜなら、基本的には全員私のファミリーになるからだ。家族なのだから、顔も名前も、出身地も年齢も、全部わかっていなければいけない。私が採った私の家族だから、私が愛さなくてはいけない。できが悪くても、しかたがない。できが悪いからといって自分の子どもに「お前バカだろう、出てけ」とか「飯食わせねえぞ」などと言えないのと同じだ。だから、できが悪いと思える人を採ってしまっても、何かいいところがあるはずだから、それを生かそうと考える。

いろいろ怒ったりこづいたりはするが、それは教育のためだ。そのためにも私はできるだけ面接をする。岩沼の総合南東北病院と八戸では、医者の面接以外は現場に任せているが、それ以外は一人ひとり採用してきて、今やスタッフは五〇〇〇人ぐらいになっている。

面接をするときは、顔や態度を見る。顔を見ればいろいろなことがわかる。おおよその性格はわかるし、間違うことはあまりない。実を言えば、患者さんも、顔を見れば、脳腫瘍があるのか、てんかんがあるのか、肝臓が悪いのか、胃が悪いのか、腸が悪いのかなど、私には八割方わかる。それを確かめるために検査するだけだ。

医療のレベルや看護のレベルを上げるために、スタッフとよく話すことも心がけている。グループの施設は増えたが、一つひとつに足を運んで、みんなの話を聞く。例えば看護師の意見を聞いていて、ある医者への苦情が入ったとする。すると私はその場でその医者のＰＨＳに電話をかけて注意する。そういう俊敏さが、めまぐるしい病院経営を支えていると思うのだ。

二

外国にもたびたび出かける。ロシアのハバロフスクへ行ったと思ったら、次の週はインドのチェンナイという具合だ。急ぎ足だから、一泊三日という強行スケジュールは珍しくない。もちろんヨーロッパやアメリカにもしょっちゅう飛んでいる。

目的の一つは学会だ。東日本大震災の後は、放射性物質関連の学会も増えた。海外で話すときでも、準備の時間がないからいきなりしゃべる。

海外に行く最も大きな目的は、医療提携だ。全世界にあるいろいろな大学や病院と総合南東北グループが医療協定を結ぶ。そこから患者さんが治療のために日本に来ることもあれば、医者、技師、看護師などが研修のために来ることもある。逆に、こちらが手伝いに行くこともある。

今の日本は裕福になって、たいていの病気は治ることが当たり前になっている。だが、それは最近になってのことにすぎない。私が幼かった頃の日本と同じような状況の国は、今でも海外にたくさんある。そういう国を、日本と同じような医療の環境にしてやりたい。そのためにも、私たちはレベルの高い世界水準の病院である必要がある。

海外との医療提携はまた、日本の医療を救うことにもつながる。

現在の日本の医療は、喩えて言えば江戸幕府の藩閥と同じだ。江戸幕府は日本医師会であり、厚生労働省だろう。それで全部固まっていて、開国できない仕組みになっているのだ。

もはや公的保険制度が疲弊して医療行政が行き詰まっている日本でだけ医療をやっていても、病院は立ちゆかない。

これからは、外国も視野に入れる必要がある。外国人が日本で治療を受けられるようにしたり、外国で病院を建てて日本人が運営したり助けたりしていかなければならない。優秀な日本の医療技術を輸出すれば、外国には助けになるし、日本の医療にも助けになる。

今、日本の医療費は毎年一兆円ずつ上がっていっている。その要因は先進医療だ。先進医療に使われる薬と道具にお金がかかるのだが、その多くは外国製だから、多くの医療関係のお金が外国に流れているわけだ。その流れを変えなければならない。

例えば、外国で病院を建てる場合、建物などのハードウェアは現地でつくるにしても、人材は日本で教育する。そうすれば、日本が実現している質の高い医療を諸外国でも実現できると同時に、日本国内で経済的に貢献することにもなる。

諸外国と提携を始めたのは近年だが、その構想はずいぶん前から持っていた。外国の施設で最初に正式な提携をしたのは北京大学だ。実は北京大学と私との関係は、ずいぶん前に築いている。

昭和六十二年（一九八七年）頃、私は北京大学の客員教授となり、難しい手術をいくつも行なった。そのとき、脳外科の教授でもあるバォ教授という北京大学の副学長と親しくなった。私の弟子のようなものだ。東日本大震災の直後に連絡をくれたのは彼である。

その後、ベトナムで最も大きなホーチミン市民病院に、私の病院から放射線技師長を派遺した。ベトナム戦争が終わって共産政権が樹立したばかりの、日本との交流がなくなっていた時代で、入国は北朝鮮経由だった。

日本は戦争賠償金で東南アジアの各国に病院をつくっていたが、ホーチミン市民病院もそのひとつだ。三〇〇〇床ぐらいの大病院だったが、一つのベッドに二人寝ているぐらい患者さんが溢れていた。日本からはいろいろな放射線の機械が入っており、壊れた放射線機器を修理することが渡航の目的だった。直るものかどうか、現状を調べに行ったのだ。

平成十二年（二〇〇〇年）頃には、私自身がハノイに行って二人の患者の手術をした。一人はベトコン（南ベトナム民族解放戦線という共産党のゲリラ部隊）の生き残りで、前頭部の巨大髄膜腫の手術、もう一人は二十歳ぐらいで、左の脳動静脈奇形だった。

どちらも昼間から翌朝までかかる、ただでさえとても難しい手術なのに、なにしろ医療設備が古いためにそれはそれは大変だった。テーブルが油圧式なので、自然に下がってしまう。しかも、良い顕微鏡がない。手術が成功しなければ、私は夜中のうちに暗殺されただろう。だが度胸が据わっているから、そんなときでも私は手術を成功させた。

その様子は実況中継されて、ベトナム全土でテレビ放送された。外国人がベトナムで手術をしたのは、私が初めてだったのだ。翌朝の『ハノイ新聞』の一面にも記事も出た。

その後、その病院からは泌尿器科のホアンという医者が留学生としてうちの病院に派遣された。患者さんが送られて来たこともある。

二〇一二年までに正式に協定を結んだ外国の施設は六つ。インド、上海（二ヵ所）、ブルネイの癌センター、ロシア、サウジアラビアだ。最終的には二〇〇を目指す。メディカルツアーの受け入れなども、今後はどんどん盛んになることだろう。

インドはチェンナイ（昔のマドラス）にあるアポロ病院と提携した。三〇もの病院があるインド最大の病院グループで、チェンナイにあるのはその本院だ。なにしろ人が多い国だから、病院も混んでいる。夜中の十一時頃まで外来の患者さんが溢れていた。薄暗い廊下で診察を待っている患者さんが夜中だけでも数千人いたが、それを押し分けて私は会長室に向かった。

サウジアラビアの国立癌センターに行って提携の話をつけて、帰国したのは二〇一一年三月七日。東日本大震災の四日前だ。震災がなければ先方の責任者が日本に来る予定だったが、延期になってしまった。

人生というのは何があるかわからないとつくづく思った。けれども、何があるかわからないからといって、退廃的・刹那的な生き方をすればいいというものではない。それが、たとえ千年に一度か百年に一度の出来事だったとしても、現実を受け止めなければならない。

地球も宇宙も生きて動いているもので、人間はその中のほんの小さな存在だ。その小さな存在をうんと大きくとらえるか、謙虚に一粒の砂にすぎないととらえるか……。

ミャンマーの旧首都ヤンゴンにある病院とも提携する予定だ。軍事政権ではなくなったことでアメリカの資本も狙っているから、遅れをとるわけにはいかない。

グルジアもある。モスクワの病院とはすでに提携しているが、そこの院長はグルジア出身だったし、グルジアと日本の関係はいいから脈はあるはずだ。キエフやウクライナも視野に入れている。

今、アジアやアメリカでは医療ツーリズムが流行している。日本はずいぶん遅れているが、ようやく受け入れる態勢が整ってきた。日本に医療サービスを受けるために長期滞在しにくるわけだが、これを利用するのは主にアジアの富裕層である。

私は、この医療ツーリズムも積極的にやっていきたいが、国際医療奉仕もやりたい。最貧国への医療の奉仕だ。カンボジア、ミャンマー、ラオスなどの最貧国には、まともな医療がない。先進医療などという次元ではなく、薬すらないのだ。私はそういう国に病院をたくさん建てて、役に立ちたいのだ。

そして、海外の医者や医療関係者を養成する。ただ病院をつくったり、つくる手伝いをするだけではなく、人の交流をしたり、日本から機械を無料提供したりするのだ。

このように、どんどん世界規模で理想の医療を広げていきたい。日本の医療界は、これまであまりにも閉鎖的すぎた。

三

あとは、私の後継者だ。

私は医者になってから、脳の手術で一万人以上を救ってきた。だが、この技術が私ひとりで終わってしまっては「神の手を持った人がいた」で終わってしまう。あとが続かなければいけない。自分の技術を次の手にバトンタッチして、それが次から次へと受け継がれていかなければならない。

私の病院に来て私の手術を見て研鑽を積んだ医者たちが、今、全国で活躍している。彼らはまた、次の後継者を育てるだろう。

私がしなければならないのは、私の病院を支えていける後継者を育てることだ。

本院の院長は、実力のある人を選挙で選ぶ。任期制だ。

中野の総合東京病院は、長男の貞義に院長を任せている。貞義は安積高校を卒業して藤田保健衛生大学へ進み、脳外科医になった。

次男の文博は総事務長だ。文博は一度会社員になったが、今は事務方として私を手伝ってくれている。病院には金貸しやら脅しやら、物騒な人間もたくさん来る。だから「顔色ひとつ変えないように、修行しろ」と言って聞かせた。「見てみろ、俺を。顔色一つ変えねえんだぞ。目をそらしたらだめだぞ。グッと見て、ピクピクなんかしたらだめだ」と教える。事務といっても、デスクワークだけではないのだ。

けっして同族経営をするつもりはない。ただ、父親の血と汗の結晶であると思うのか、病院を大切に思う気持ちは、一般のスタッフよりも家族のほうが強いようだ。例えば院内で患者が失禁した後なども、他のスタッフがよけて通るところを、私の子どもたちはきちんと掃除してくれる。

そういう人事に対して、疑問を持ったスタッフもいた。すべての施設の代表者が集まる一ヵ月に一度の拡大会議で、質問攻めにあったこともある。だが、私はすべて訊かれることには誠実に答えてきた。だから皆も納得してくれた。

最近の拡大会議では、私のほうが問題点をどんどん指摘して、翌月までに解決させるようなことばかりだ。

本院の手術が年間に二〇〇〇例ぐらいしかなかった頃、それでは少ないと私は指摘した。

医者たちは、手術室が足りないから無理だと言う。だから四つだった手術室を十に増やした。大学病院でも、それほどの手術室は備えていない。

時間も足りないと言うので、「お前たち、手術が下手だから、人が二時間で終わるところを、五時間ぐらいかかってんじゃないのか?」と言ってやった。だが、「先生は頭の医者で、胃の医者じゃないでしょう」と反論する。それもそうだ。

それで三〇〇〇万円ほど払って、コンサルタント会社を頼んだ。そういう会社の日本、世界中の各病院のベンチマークのデータを活用すれば、みんな納得するようになるのだ。現在、手術は年間に七〇〇〇例にまでなっている。


孫は六人になったが、会う暇はない。

一月一日、つまり元日だけは、一族で郡山の近くにある岩代熱海の温泉に行く。初孫ができた頃からの恒例だ。

長女の長男は自閉症なので、専属の教育係をつけている。

自閉症にもいろいろあるが、なんであれ小さいときからの徹底した教育が必要だ。マンツーマンに近い方法でやれば、かなり言葉も覚えるし、頭もよくなるし、ちゃんと才能を発揮する。けれども日本にも海外にも、いい教育機関はないと言っていい。軽度の自閉症児向けの学校はあるが、重度に対応してないのだ。

だから、私は孫を専門家に預けてきた。そして、その成果は確実に出ている。私はこのやり方を広げて、世界で初めて自閉症児のための学校をつくりたいと思っている。すでに広大な土地を郡山に買っているので、間もなく着工したい。自閉症だけでなく、他の障害児も含めた零歳から幼稚園までのこども園にする。そして高校まで卒業させて、今までとは違う広がりのある職業生活に就かせたい。

ついでに言えば、比較的健康なお年寄りのための施設もつくりたい。夢は広がるばかりだ。

四

平成二十四年（二〇一二年）八月一日、「新百合ヶ丘総合病院」のオープンだ。ずっと私と一緒にいた笹沼仁一先生が院長で、福島孝徳先生は頭蓋底疾患センターの名誉センター長である。

実は、川崎市から病院の募集があって応じたのは、中野の東京病院の話が来るよりも前で、平成十九年（二〇〇七年）前後のことだった。

小田急線の新百合ヶ丘がある神奈川県川崎市の北部は、もともと医療過疎地帯だ。政令指定都市である川崎市の中でも、緑豊かな北部にはたくさんのベッドタウンができている。だが、急激な人口増加によって、医療機関が絶対的に不足していたのだ。そのため、以前にも民間からつくらないかという話はあった。だが一坪一〇〇万円以上という土地代が高く、そのときは手を挙げなかった。

しかし、今回は川崎市が全国公募するという。「川崎市北部地域に、小児、産婦人科を含む救急医療体制の整備」をという旗を市が掲げたのだ。二〇ぐらいの病院が手を挙げていたので、当たるとは思わなかったが、とりあえずうちも手を挙げてみた。

応募すると、コンペがある。こういうコンペでは、どんな病院を造るかというデザインが問われる。例えば、救急医療・小児医療・産科医療・先端医療・不妊治療などの診療科を入れたり、「PETを入れます」「ヘリコプター医療」などの特長を掲げたりする。ただ

新百合ヶ丘総合病院 地鎮祭(2010年9月2日)

し、診療科をたくさん掲げても、簡単に実現できるものではない。医者も看護師も集めるのが難しいからだ。医者は最低でも三十五人ぐらい必要だ。

コンペの強敵は、昭和大学と板橋中央グループだった。板橋中央グループというのは、関東を中心にした大きな医療グループで、三兄弟で複数の病院を展開している。全国的には徳田虎雄の徳洲会が有名だが、複数の病院を展開する民間の病院は珍しい。これらのグループはその数少ない例だ。

その強敵を後目に、私たちの事業提案がコンペで勝った。グループの医療法人三成会が選ばれ、川崎市医療審議会や川崎市が承認したのだ。

敷地は東京ドームが入るほどの広さだから、土地代だけでも五〇億円かけた。川崎市で初めてとなるＰＥＴ機器やサイバーナイフも入れたから、医療機械に最低でも五〇億円かかる。建物が一二五億円だから、全部で二〇〇億円以上の投資だ。これは南東北グループとして、これまでにない規模の額である。

新百合ヶ丘で講演をやったとき、一〇〇〇人ぐらいの聴衆を前に私は「福島孝徳先生は神の手。渡邉一夫先生は借金の神様です」と言って会場を沸かせた。実際、またしても借金を重ねることになった。常に借金を抱えながら次の展開をしてくのが渡邉流なのだ。

医者をはじめとするスタッフも集めた。新百合ヶ丘は環境がいいし、東京に近いというロケーションの良さもある。なによりも総合南東北病院の実績があるからだろう。とにかく、スタッフは魔法の手に引き寄せられるように集まってきた。

それらのスタッフとともに、新百合ヶ丘の地で、救急医療、予防医学、先進医療で貢献していくのだ。メディコンパスクラブの会員も、そこで受診や入院ができる。

新百合ヶ丘では、川崎市の要請にあった産科と小児科も柱となるが、その他にも救急や予防医学、そして三大生活習慣病である癌・心臓病・脳卒中にも力を入れる。だから脳外科だけではなく、脳神経系統の外科がいろいろある。腫瘍やてんかんや不随意運動の手術もやる。てんかんは治りにくく、手術も難しいので、やる病院はほとんどない。だが、そういう難しい疾患こそ、新百合ヶ丘ではやっていきたい。

さらに、東京理科大学と組んで、大学院大学の機能を持たせる。東京理科大学には生命科学研究所という附属施設があるので、新百合ヶ丘の病院をそこの附属研究施設という位置づけにもするのだ。

東京理科大学と提携を結んだのは、やはり基礎的な研究が大事だからだ。自分が大学に勤めていた時代に学んだ研究の大切さを、今の医者にもぜひ感じてほしいと思っている。この提携によって、薬学部はあるものの看護学部と医学部がない東京理科大学にとっては、医学部ができたのと同じことになる。

私の闘いはまだ終わっていない。今の敵は癌だ。目標は「治らない癌を治す」こと。現在、癌の治療には、放射線治療、化学療法、外科的治療などを複合的に使ってあたっている。とりあえず放射線治療では世界最高峰になったが、最終的にはトータルの治療法で世界最高峰を目指す。

そして、世界のベスト3に常に入る医療機関になる。脳神経外科の分野では、「東洋のモントリオール」と呼ばれたい。追いつき追い抜きたいと思っているのが、アメリカのメイヨークリニックやMGH（マサチューセッツ総合病院）だ。メイヨークリニックは十九世紀半ばに誕生し、まもなくアメリカを代表する医療センターになった所である。

もちろん機器をそろえるだけでは、ナンバーワンにはなれない。陽子線治療や精度の高い検診ももちろんだが、縦割りではない病院文化を生かした柔軟な治療ができる態勢を維持し続けることが必要不可欠だ。なぜなら、癌の患者さんといっても、癌だけを患っていりと、いろいろな面からケアすることが患者さんには必要になる。多かれ少なかれ、別の臓器も悪かったり、高齢で身体が弱っていた る人は少ないからだ。

今、うちの病院にはＩＭＲＴ（強度変調放射線治療）、陽子線治療装置もあるが、癌との闘いをさらに進めるために、「中性子治療」も始めたい。ＢＮＣＴという装置で取り出して中性子を癌細胞にぶつけると、細胞単位で攻撃するため、正常な細胞はまったく壊れずに癌細胞だけが壊れるという仕組みだ。

福島県にそのセンターをつくる構想は東日本大震災のところで述べた。すでに京都大学と協同で研究を進め、住友重機が機械をつくることになっている。国から一〇〇億円ぐらいの予算をもらうが、それでも足りないから、私のところからも三五億円ぐらい出す。成功すれば、大きな力になるのだ。

三五億の金は、もちろんある。銀行に、だ。

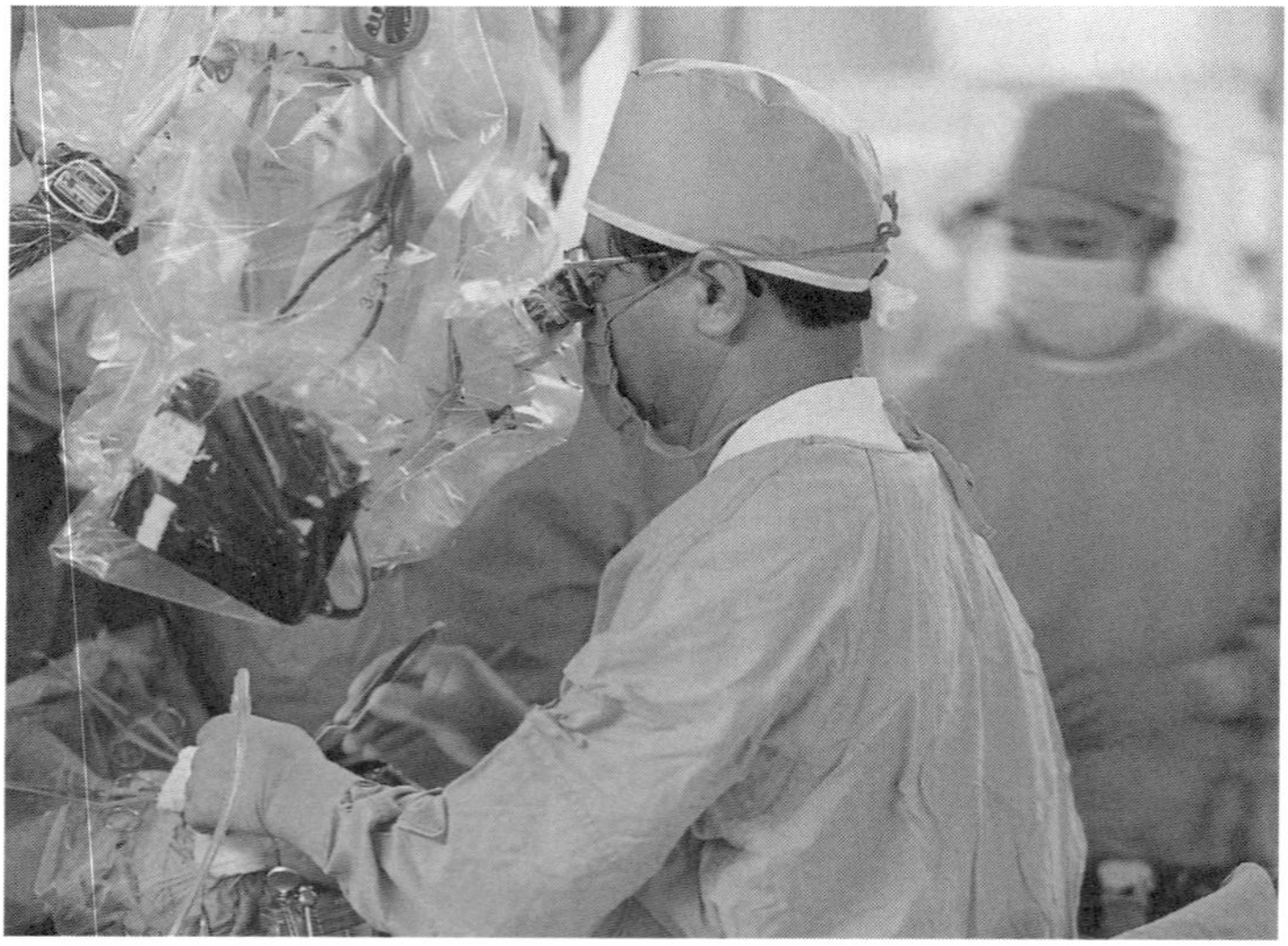

急性期破裂脳動脈瘤を顕微鏡を使って手術をしている所

あとがきに代えて——医療従事者に伝えたいこと

郡山にある本院の一階ロビーには、大きな額が掛かっている。そこには書家の手による立派な毛筆で、こう書かれている。

「獅胆鷹目《したんようもく》　行以女手《おこなうにじょしゅをもってす》」

獅子の強い心と、鷹のするどい目を持ち、事を行なうにあたっては女性の手のように繊細に、という意味である。私は、これこそが医療者に求められていることではないかと思っている。

医者というのは、たしかに職業のひとつではあるが、誰もが選べるものではない。能力も努力も必要だ。だからこそ、自分を犠牲にしてでも人の命を守るという気概のある人間になってもらいたい。

特に私の後ろ姿を見ていた医者には、私の志を引き継いでもらい、そして社会に医術を還元してもらいたい。

最近は、医者も儲かるほうへ、仕事は楽なほうへと流れる傾向がある。仕事はサラリーマンのように九時から五時まで。休みの日は医療をしないという医者も多いが、それは非常に残念なことだ。

使命感がなければ医者になってはいけないと、私は医者の先輩として後輩に伝えたい。使命感を持ち続けるためには、ただしゃにむに朝から晩まで働けばいいのではなく、勉強もして、自分の腕を磨かなくてはならない。

そのためには、海外も含めていろいろな学会で発表したり、論文を書いたりしなくてはいけない。それを若いときだけではなく、医者という尊い職業に就いている限りずっと続けなければ、自分の務めを果たしたことにはならないだろう。私はそう思って、ずっとやってきた。

そして、自分の周りにいる人を育てなければいけない。それは、医者に限らない。医療に携わる人には、例えば病院の事務や清掃に関わる人も含めて、指導し、育て、チームワークをつくっていくこと。関係者が一致団結してひとりの人の命を助けるという尊い仕事をしなければならない。

福島県では東日本大震災の原発事故のせいで、若い女医さんや看護師さんがずいぶん減った。子どもさんを守るために遠くに行ってしまったわけだ。けれど、子どもがいても、お金がなく、家もローンを抱えてて、どこにも行けない人はどうすればいいのか。年寄りなら間もなく死ぬからいいという問題でもあるまい。自分が何のために医者になったのか、何のために看護師になったのか。薬剤師でも、検査技師でも、理学療法師でも同じだ。

なぜその仕事を選んだのかということを、今こそもう一度初心に返って考えなければならないときなのに、それができていない現実を私は非常に悲しく思っている。日本には、たるんできた人たちが多くなっているのではないか。

本文で、私はシェイクスピア・ノーシャリナというブルネイ人のエピソードを紹介した。若い医者や看護師が逃げていくのとは逆に、被災地に率先して入っていった彼女の姿勢に私は感動した。

もうひとり、こんな若者もいた。慶應義塾大学の理学部を卒業して、群馬大学の医学部に学士入学した女性だったが、地元が郡山だった。彼女もまた、郡山に「行きます」と言う。彼女の恋人も医者だったので、ふたりで郡山で医療に従事することになった。

二〇一二年に福島県郡山市の総合南東北病院の初期研修医に入職した八人の中に女性は一人もいなかった。こんなことは、これまでにない。おそらく、親が「そんな所に行くな」と言ったということもあるだろう。それなら親も悪い。自分さえよければいいという発想が、日本人の中に蔓延しているのだ。

私が若かった頃は、自分が生きるのに精一杯だったところもあるが、隣りの人ともお互いに助けようとする、そういう心が皆にあったものだ。

もちろん、今でもまったくないとは言わない。だが、医者にしろ看護師にしろ、特に医療に携わる人は、誰にでもできる仕事ではないという自覚を持って、人一倍人を思いやる気持ちを持ってほしい。

その代わり、その人たちには高給が払われるべきなのだ。国民もそれを忘れているのではないだろうか。勉強もせずに金を儲けようとか、親も子どもが医者になったら威張れるし、懐も温かくなるだろうと思っているとすれば、とんでもない話だ。

私は、これから医者になろうとしている人には、やはり「使命感と、奉仕の精神を絶対に忘れるな。できない人は医者になるな」と言いたい。金儲けのできる仕事なら他にたくさんあるから、そっちの道を選んでほしい。医療職に就く人は、自分を犠牲にして病める人のために奉仕してほしい。

人生は有限だ。健康でいられる時にも限りがある。自分がどう生きたかということは、人に評価してもらうのではなく、最期に自分で感じるもののはずだ。

最後に、身近な人を助けることだけではなく、地球的な視野でものを考えてほしい。地球には六〇億もの人がいるが、毎年マラリアだけでも三〇〇万人が死んでいる。我々の仕事は、限りないほどある。

だから、もしも今、自分が幸せだと思うなら、そこに安住するのではなく、世界の裏側にいる困っている人にも思いを馳せてほしい。そして、近い将来そういう人たちのためにも自分は働きたいというグローバルな考えをもっともっと持ってもらいたい。

私の教え子には、ベン・ケーシーに憧れて脳外科医を志した人間が少なくなかった。『ベン・ケーシー』というのは、アメリカのテレビ番組だ。脳外科医の青年ベン・ケーシーが主人公の医療ドラマで、日本では一九六二年から放送されてたいへんな評判だった。

私自身はほとんど見たことはないが、話は聞いている（ちなみに、外科系の医者が着る短い診療衣は「ケーシー」と呼ばれているが、これはこのドラマでケーシーが着ていたことに由来している）。

今は、福島孝徳先生に憧れて医者を目指す人間が増えた。福島先生の神の手を憧れて、脳外科医になりたいという人がかなりいる。

最初の動機は何でもいい。医者として社会に出たときに、必要な技術と志を持っていてほしい。

医者は社会から「給料が高い」「尊敬されている」「安定している」などと見られるのも確かだ。だが現実には、医者に対する社会からの尊敬度や信頼度はずいぶん落ちている。給料も少ない所がたくさんある。その一方で、医者の責任度は増しているから、医者としては非常につらい時代になってきている。

私が秋田大学にいた頃も、開業した頃も、医者はもっと尊敬されていた。医者だけではない。警察や学校の先生や国会議員もそうだった。権威があった。だが、その後、ガラガラと崩れていった。

大学の医学部はあいかわらずの徒弟制度だから、気に入られなければ仲間から外される。そうなると病院には居づらいから、例えば無医村などに行くというのも選択肢の一つだろう。だが、もしもそこで何か問題が起きたとき、誰も助けてくれない。天涯孤独になってしまうのだ。そうすると学会にも行けない。学会に行けないと、医者の免許証があっても、医者としての質はだんだん落ちていくだろう。

最近は専門医制度ができたため、大学にいなくても専門医の資格を取れば認められるようになった。だが、これにも各大学の派閥がある。どうも、医者の世界の欠点は、昔からあまり変わっていないようだ。

私は医者として開業の道を選んだ。そして社会のために自分に何ができるのかを模索してきた。社会には矛盾が多い。優秀な人が学校に行けなかったり、手術すれば治るはずの病気で医療が受けられなかったり。

私には、社会に対して「こうあらねばならぬ」という理想がある。世の中を良くしたいと思っていても、批判だけで終わってしまい、あとは諦めてしまう人が少なくない。私は、そんなことは嫌だった。一つでも自分にできることがあれば、それはやったほうがいいのだ。だから、そういう道を私は選んだ。

今は、医者として、また福祉にも携わる人間として、地球的規模で社会に対して自分がいかに貢献できるかを考えている。もちろん病院の中で私だけが考えているわけではない。私はただリーダーシップをとっているだけだ。毎年目標を定めて、それのクリア度がどれだけかを検証する。それを毎年積み上げているわけだ。

今の南東北グループは、そうやって形をなしてきた。けっしてお金のためにやっているわけでも、誰かの名誉のためにやっているわけでもない。

もちろん、何かをなすにはお金がかかる。だから、お金を持っている人を集めて寄付してもらう。寄付というのは、お願いするだけではなく、その意義を知ってもらうことが必要だ。そうして同志を一人ずつ集めていく。

私は大きくなったグループのリーダーとして、ずいぶん大きなお金を動かしている。だが、少しも儲からない。利益は全部、次の事業に投入したり、社会福祉法人に寄付したりするからだ。

私は若い頃、人生についてずいぶん悩んだ。そして今、人生とは「生きがい」だと思う。とはいえ、生きがいを見つけるのはなかなか大変だし、どうしても大きな壁にぶつかるものだ。それが思春期だろう。高校や大学でいろいろな知識を身につけ、人間の交流を広げ、視野を広げながらも、悩んで、悩んで、悩むものだ。

社会に出ても悩むことがあるだろう。サラリーマンになるのか、自分で事業を起こすのか、田舎に行って百姓をやるのか……。会社にいても、出世の競争が激しいだろう。

社会がグローバルになっただけ、いろいろな問題が国内だけではすまなくなる。年功序列も崩れたことで、そこから脱落する人もいるだろう。だが、自分の道は自分で切り開くしかない。

いろいろな人に支えられながら、社会のために自分が何をすべきなのかを模索していけば、自ずと道は開けていくものだと思っている。

著　者

渡邉《わたなべ》一夫《かずお》のロマンと命《いのち》をかけた半生《はんせい》 南東北《みなみとうほく》グループの挑戦《ちょうせん》

2012年8月15日　初版第1刷
2020年3月26日　　　第5刷

著　者 ―――――― 渡邉一夫《わたなべかずお》
発行者 ―――――― 坂本桂一
発行所 ―――――― 現代書林
〒162-0053　東京都新宿区原町3-61　桂ビル
TEL／代表　03(3205)8384
振替00140-7-42905
http://www.gendaishorin.co.jp/
カバー・本文デザイン ―― 吉崎広明

印刷：広研印刷(株)　製本：(株)積信堂
乱丁・落丁本はお取り替えいたします。

定価はカバーに
表示してあります。

本書の無断複写は著作権法上での例外を除き禁じられています。購入者以外の第三者による本書のいかなる電子複製も一切認められておりません。

ISBN978-4-7745-1369-0 C0095